THE
RESTORATIVE
PRACTICES
PLAYBOOK

学校に
対話と尊重の文化をつくる
修復的実践プレイブック

ドミニク・スミス Dominique Smith
ダグラス・フィッシャー Douglas Fisher
ナンシー・フレイ Nancy Frey 著

毛利真弓、藤岡淳子 訳

明石書店

The RESTORATIVE PRACTICES PLAYBOOK, First Edition by Dominique Smith, Douglas Fisher, Nancy Frey
Copyright © 2022 by Corwin Press, Inc. (a SAGE Publications, Inc. company)

English language edition published by Sage Publishing of London, California, New Delhi and Singapore.

All rights reserved.

Japanese language edition © 2024 by Akashi Shoten.
The copyright of the Japanese translation is jointly held by Akashi Shoten and *Sage Publishing*
Japanese language edition published by arrangement with Sage Publishing through The English Agency (Japan) Ltd.

訳者序言

　人にかかわる仕事をしていると、この道を選んだ時に思い描いていたようなかかわり方や理念から、いつの間にか外れてしまった自分に気づく時があります。特に、行動上の問題を抱えた人がルールを守らないことに対して強い怒り・悲しみ・無力感などがわきあがった時や、起きた事案が大きくて複雑な場合は、罰を与えることやコミュニティからの排除を考えることによって、圧倒される現実から逃げ、自他の安全を確保しようとしてしまうこともあるかもしれません。

　修復的実践は、歴史や研究、その実践を紐解くと、とても壮大です。そして、何かが起きた時に、その対応としてみんなで話し合うと聞くと、とても難しいことのように感じる方もいるかもしれません。しかし本書は、そういう難しい話はさておいて（これが本書の最もよいところです！）、日々の会話とかかわりをいかに対話的なものにしていけるか、そしてそれを土台にして、何か「こと」が起きた時にどうやって関係者同士で会話していくかをわかりやすく説明してくれています。修復的実践が何かわからずこの本を手に取った方でも、最後には「難しいことはわからないけど、なんだか日々の実践に取り入れたい！」と思わせてくれることを保証します。

　本書の原題は *The Restorative Practices Playbook: Tools for Transforming Discipline in Schools*（直訳すると、『修復的実践のプレイブック──学校の規律を変容するツール』）です。「プレイブック」とは、誰が・いつ・何をするのかをルール化・戦略化した作戦ノートのことであり（https://helpdog.ai/media/playbook/）、経験から学んだ

3

具体的なノウハウや知識を蓄積したものを指します。スポーツであれば、相手チームに勝つためにどのようなフォーメーションで挑むかといったセオリーが、ビジネスであれば目標を達成するための戦略や業務手順などが内容として含まれます。マニュアルは、誰でも同じ成果をあげられることを目的としたものであるのに対し、プレイブックは、その手法を十分に理解している人が他の人を導きながら作戦を成功させるためのものです (https://helpdog.ai/media/playbook/)。つまりプレイブックは、ポンと誰かに渡して「これやっておいてね」「できるよね」というものではなく、周囲の人と一緒に読み、先人の実践からコツを学び、ともに実践するための道しるべです。

　修復的実践は、問題（とされている人）を診断して「○○という特性を持つ人にどう対応するか」とか「○○をどう治療するか」という視点によるかかわり方のノウハウではないことは申し添えておきます。問題や原因などを、勝手なメガネを通して見て「判断し解決を急ぐ」前に、何が起きたか、それぞれが起きたことにどのような気持ちを持っていて、どうなることを望んでいるのか、気持ちを「聞き・伝え合う」という「人と人のかかわり」の原点を示すものです。

　本書は学校での修復的実践に関する本ですが、「学校」「生徒と先生」を読者の置かれた環境に置き換えて読んでいただければ、人にかかわり、人を育てるすべての職業の人にとても役に立つ本です。日々の実践や、組織風土を変えたいと思っているすべての方にお手に取っていただけると嬉しいです。

　なお、本書の作成に当たり、学校現場における修復的実践の実際や教育現場での用語について助言してくださった松澤佳子さん（スクールカウンセラー、元学校長）に心より感謝申し上げます。

訳者　毛利真弓

同僚はこう言っています……

「学校はコミュニティであり、すべてのコミュニティが課題と成功の両方を経験します。私たちが共通して直面する課題の１つは、積極的かつ持続可能な解決策を提供するやり方で、生徒の社会的・感情的・行動的ニーズに応える方法を教育者が理解できるようにサポートすることです。この『修復的実践プレイブック』は、あらゆる教育者が前向きな変化に向けた旅を始めるために使える優れた資源です。この本には、個々の教師をサポートしたり、システム全体の変化を生み出したりすることができる実践的なツールと例が満載です。私はこの本をすべての教育者にお勧めします」

ヒース・パイネ
（ウィチタ公立学校学生支援サービス担当理事）

「これまで読んだ本の中で、この『修復的実践プレイブック』ほどその価値に興奮したことはありません。学区全体で規律維持の方法を進化させ続けようとする際に、このプレイブックは、私たちの実践を振り返り、調整するのに役立つ体系的なガイドを提供してくれます。私たちは学校での前向きな行動をサポートするための、よりよい解決策を提供する必要があり、この本はそれらの変化を実現するための行動手順を示してくれます」

クリス・フェリチェロ
（ノースロックランドセントラル地区学校長）

● 本書の中で使用されたワークシートのデータは、
明石書店 Web サイトの本書詳細ページからダウンロードできます。

目次

訳者序言	3
序文	13
謝辞	17
はじめに	19

MODULE 1 修復的実践のロジック（論理的構造）

ジレンマ	28
よくある誤解	29
修復的実践はどこから来たのか？	32
修復的実践についての原則と研究	34
修復的実践のロジックモデル	34
修復的実践を毎日のかかわりに織り込む	35
あなたの歴史はどのようなものでしょうか？	37
修復的文化	40
私はどれくらい修復的か？	42
自己評価：私はどれくらい修復的か？	44
ジレンマ：第2幕	46
手続き	47
事例	49
推奨と意味	50
振り返り	51

MODULE 2　尊重の基盤

ジレンマ	54
よくある誤解	55
自己評価	60
教師の信頼性	63
生徒の主体性を育てる	68
意図的に生徒の主体性を育てる	70
個人的振り返り	72
所属と主体性の文化を毎日のかかわりに織り込む	73
ジレンマ：第2幕	74
事例	77
推奨と意味	78
振り返り	79

MODULE 3　期待を設定し、能動的参加のための教育を行う

ジレンマ	84
よくある誤解	85
修復的文化の学習への招待	87
修復的文化における高い期待とは	89
自己評価：あなたは高い期待を持つ教師ですか？	91
修復的文化における能動的参加	93
学習についての認知的課題を克服する	96
修復的文化におけるクラスの合意	102
ジレンマ：第2幕	105
事例	107
推奨と意味	107

振り返り 108

4 感情の言葉を用いた修復的会話

ジレンマ	112
よくある誤解	113
自己評価	114
認知的リフレーミングと修復的会話	115
感情の言葉と修復的会話	121
感情の言葉を学校の日常に織り込む	123
感情の言葉は大人にも効果がある	126
あなたの努力をだいなしにする：クリップチャートと　　公的な屈辱のテクニック	128
ジレンマ：第2幕	130
事例	131
推奨と意味	132
振り返り	133

5 促進的会話を使った修復的会話

ジレンマ	136
よくある誤解	137
自己評価	138
促進的会話の原則と研究	139
促進的会話の目的と目標	141
促進的会話の準備	143
促進的会話を台本にする	143

飛んだ時・潜った時（うまくいった時、ダメ
　　だった時）　　　　　　　　　　　　　144

バンキングタイム　　　　　　　　　　　145

２×１０テクニック　　　　　　　　　　150

促進的会話を毎日のかかわりに織り込む　153

対立を横取りする　　　　　　　　　　　154

ジレンマ：第２幕　　　　　　　　　　　157

事例　　　　　　　　　　　　　　　　　160

推奨と意味　　　　　　　　　　　　　　161

振り返り　　　　　　　　　　　　　　　162

MODULE 6 修復的サークル

ジレンマ　　　　　　　　　　　　　　　166

よくある誤解　　　　　　　　　　　　　167

自己評価　　　　　　　　　　　　　　　169

修復的サークルの原則　　　　　　　　　170

各サークルの要素　　　　　　　　　　　173

サークルミーティングの段階　　　　　　175

あなたのサークルプラン　　　　　　　　178

修復的サークルのタイプ　　　　　　　　179

修復的サークルを学校生活に編み込む　　182

修復的サークルでの行動を管理する　　　185

ジレンマ：第２幕　　　　　　　　　　　186

事例　　　　　　　　　　　　　　　　　188

推奨と意味　　　　　　　　　　　　　　190

振り返り　　　　　　　　　　　　　　　191

正式な修復的会議と被害者・加害者対話

ジレンマ	194
よくある誤解	195
自己評価	197
正式な修復的会議と被害者・加害者対話についての原則と研究	199
学校を基盤とした正式な修復的会議	202
学校を基盤とする正式な会議：学校でのアルコール摂取	206
振り返りの比較対照	209
年少の児童の場合はどうすればよいでしょうか？	209
争いに踏み込む：両者に過失がある場合	212
決定と結果	216
サークル・センテンシングという司法モデル	218
リエントリープラン	221
リエントリーに保護者を含む	223
ジレンマ：第2幕	224
事例	225
推奨と意味	227
振り返り	228

成功するイメージは湧くでしょうか？

ウリエルの物語	232
修復的実践を行う時間をどこで見つけられるでしょうか？	236

学校が修復的になるまでにどのくらい時間がかかる
　　のでしょうか？　　　　　　　　　　　　　　　237
修復的実践を知らない人にどのようなアドバイスが
　　あるでしょうか？　　　　　　　　　　　　　238
もしあなたが、修復的実践は効果がないと思う場合
　　どうしますか？　　　　　　　　　　　　　　238
あなたの物語　　　　　　　　　　　　　　　　239

引用・参考文献　　　　　　　　　　　　　　241
訳者あとがき　　　　　　　　　　　　　　　245

序文

　修復的正義の取り組みは社会正義に関する取り組みです。本書は、学校における生徒と大人の真の肯定的関係が持つ力を強調しています。著者たちは読者に、学校コミュニティにおけるメンバー間での所属感覚を強化し、つながりを促すための実践的なツールを提供してくれます。また、彼らは教育者が生徒に対して、もしくは生徒同士が弱みを見せても、互いに傷つきやすくなっても安心できるための、そして、生徒が弱くあることを許しつつ責任を引き受けるためのツールを提供してくれます。これらの実践により対立が減るとともに、孤立や懲罰ではなく成長・発達・学習に重点を置いた生産的なやり方で対立に対処できるようになります。

　本書の中で、著者たちは、修復的実践が学校や学校関連の成果にどのように肯定的な影響を与えるかを読者に示しています。生徒は、期待したとおりのやさしさと配慮で扱われると教師を信頼するようになり、その教師によって運営されるいつもどおりのルーティン〔決まった手順や日課〕を一緒に行うことで、期待したとおり機能する学級から恩恵を受けることができます。もし学校の外での出来事が生徒の世界を一変させたとしても、学校と、いつもどおりのルーティンと学習を提供する責任を負う大人を信じるはずです。

　ドミニク・スミス、ダグラス・フィッシャー、ナンシー・フレイは、誰かが学校の環境を混乱させた時に、学校が事態を正すために使うことができる構造・プロセス・機能を修復的正義の実践がどのように提供するかを示してくれます。これらの実践により、コミュニティのメンバーたちが傷を回復させ、互いの壊れた関係を修復す

13

ることができます。修復的実践は、うまくいけば、生徒を停学や退学にする代わりに教室にとどめておくことができ、学校コミュニティのメンバーが、核となる価値観や学習時間を守るのに役立ちます。すべての子どもが学校に通い続け、すべての子どもが適切な公教育を受けられるようにすることは、ぜひ行われなければいけないことです。

　私がダグ・フィッシャーとナンシー・フレイに初めて会ったのは、この序文を読んでいる多くの人たちと同じ形で、彼らの仕事を通して出会いました。著作者であり校長であり教授になる前、私は英語教師でした。フィッシャー博士とフレイ博士のことは、生徒の読解力と作文力の向上に関する研究を通じて知りました。私のキャリアの後半で、私が所属していた高校がコンピテンシー〔成果につながる行動特性・能力〕基盤教育の試験的プログラムに参加することになりました。これは、コミュニティパートナーの支援を得て構築しようとしていた二重登録プログラムを補完するものでした。私は、学校のカリキュラムプログラムを刷新するための洞察を得るために、ヘルス・サイエンス・ハイ・アンド・ミドル・カレッジ（Health Science High and Middle College: HSHMC）における2人の博士の研究をより深く掘り下げました。この序文や、その他の研究を通して2人の博士とつながりを持っているのは、不思議な方法で宇宙が作用しているご縁と言えるでしょう。

　少し前に、私はツイッター（現：X）を通じてドミニク博士と知り合いました（冗談ではなく本当に）。ドミニク・スミス博士はHSHMCのリーダーであり、私の修復的正義の取り組みについて聞くために何人かのスタッフを派遣してくれました。その時にはドミニク博士とはつながりを持っていませんでした。でも今や、ドミニク博士は「私のダチ」です。この口語表現が理解できない人たちのために言っておきますが、ドミニク博士と私はお互いに感謝の気持

ちを持っています。ドミニク博士と私は修復的正義のためにオンライン、電話でつながりましたが、私たちが志を同じくしていることは明らかでした。

このチームが本書で行っている取り組みは、多くの子どもたち、教育者、学校の役に立つでしょう。本書には、数々のアイデアが見事に示されています。マインドフルネス（今、この瞬間に心や体や周囲で起きていることに気づくこと、またはその考えを使った心理療法）、協働、主体性について考えることが必要になります。このプレイブックは有益で、読みやすいスタイルで書かれています。教育者、特に修復的実践に慣れていない教育者や学校の指導者にとって、この本は振り返りと行動計画のための素晴らしいリソースであることがわかります。

この本は、人種と暗黙の偏見と修復的実践とが交わるところについて深く掘り下げようとするものではないことを述べておきたいと思います。この本はその目的で書かれたものではありません。またこの本は、修復的実践そのものを探求することを意図した本でもありません。効果的であるためには、主題である教育学に精通していることと同じくらい、文化に精通していることが（時には致命的に）不可欠です。不均衡、組織的差別、修復的実践との交わりに関する議論をする修復的正義に関する本は他にあります。

私の仲間たちは、本来の意味を完璧に果たした模範的な本を書きました。本書は、教育者が修復的正義の取り組みを始め、維持し、実践を振り返り、努力を軌道に乗せるための改善を行っていくのに役に立ちます。本書は、学校が修復的実践の道に沿って重要な一歩を踏み出すためのツールを提供すると、私は確信しています。

この修復的実践活動における私の任務は、学校におけるジム・クロウ的管理[1]実践を終わらせなければならないという信念に基づいています。この精神に基づき、ドミニク・スミス、ダグラス・

フィッシャー、ナンシー・フレイは読者にこの本を提供しています。この本は時宜にかなっており、非常に必要とされているものです。

ザッカリー・スコット・ロビンス
（クラーク郡学区校長）

訳注

1　ジム・クロウ法は、1876年から1964年にアメリカ南部に存在した人種差別的法律。公共施設や学校などの分野で黒人と白人を隔離したもの。「ジム・クロウ的管理」とは、教室の秩序を維持するために圧力をかける方法で、教師が生徒にとって不公平だと思う方法で権威を振りかざすこと。例えばある生徒が、教師から注意されている生徒の味方をすると「反抗的な態度を取った」「教師の権威やクラスの統制を脅かす存在」として退学処分にされるようなことを指す。またこの管理法で処分を受けるのはアフリカ系アメリカ人が圧倒的に多いと言われている。

謝辞

コーウィン社は以下のレビュアーの貢献に感謝します。

クリス・フェリチェロ
学校長
ノースロックランドセントラル地区
ニューヨーク州ガーナービル

ヒース・パイネ
学生支援サービス担当理事
ウィチタ公立学校
カンザス州ウィチタ

ザッカリー・スコット・ロビンス
校長
クラーク郡学区
ネバダ州ラスベガス

はじめに

　クラークは転校生で、新しい学校をとても楽しみにしており、少し緊張しています。クラークは数年間、地方の、いわゆる「田舎の学校」に通っていました。彼の父親は都会にも会社を持っている有名な農家です。クラーク自身も何年か農場で働いていたので、設備や動物、作物についてたくさんの話題を持っています。彼は特に乳牛が好きで、作文の時には搾りたての新鮮なミルクの味について書きました。新しい学校に通い始めて 2 日目に、誰かが、クラークがベルトの後ろにナイフをつけていることに気づきます。

　現在あなたが所属する学校もしくは学区のルールに従うと、あなたは何をする必要がありますか？　どのような一連の対応が求められますか？　明らかにルールが破られ、クラークは安全ではない環境を作り出しました。本書を通して探究していくように、懲罰的なアプローチは以下の点に焦点を当てます。

- どんな法律やルールが破られたのか？
- 誰がそれを破ったのか？
- どんな罰がふさわしいか？

　このケースでは、クラークは明らかに学校の安全に関する重要なルールに違反しました。問題は、どんな罰が下されるか？です。多くの場所では、クラークは停学処分になるでしょう。退学処分になるところもあるかもしれません。結局のところ、キャンパス内にナイフを持ち込み、学ぶのに安全ではない場を作ってしまったので

19

す。この行為に罰を下さなければ、クラークは学習しないだろうと言う人もいるかもしれません。

　クラークについて知っているあなたは、この対応に賛成ですか？また、どのような違う対応ならいいと思いますか？　この例を紹介したのは、もっと単純な解決策で、クラークが学校にナイフを持ち込まないことを学べる可能性が高いと考えていただきたいからです。しかし、あなたが遭遇する状況は、これよりもはるかに複雑であることが多いでしょう。そして、対策を考える前に、なぜそうなったのかについて同じような調査をすることには価値があります。

　話を続ける前に、別の例を考えてみましょう。ナンシーが空港にいた時、保安員が彼女のバッグを列から外しました。保安員がナンシーに何か鋭利なものを入れていないか尋ねた時、彼女は「入れていない」と答えました。その時、彼女は、週末に友人の手伝いをしていて、バッグの中にカッターナイフを入れたことを覚えていませんでした。もちろん、警備員はそれを見つけて彼女に見せました。ナンシーは深く謝罪し、二度と飛行機に乗れなくなりました。

　そう、二度と乗れなくなったという部分は真実ではありません。実際には、彼らは彼女がカッターナイフを調べたいか、捨てたいかを尋ねました。問題を解決させて、彼らは彼女を飛行機に乗せました。

　私たちは、生徒が教師に対して無礼な態度を取ることを容認するのと同じレベルで、キャンパス（あるいは飛行機）内での武器の携帯を擁護しているわけではありません。しかし、犯した過ちから生徒が学ぶ確実な方法はあります。私たちは教育者であり、その第1の役割は教えることです。生徒が学習できなかった時には、教育者は生徒がきちんと学ぶ機会を作ります。残念なことに、行動のことになると、その役割がおざなりになってしまうことがあまりにも多いのです。

20

読み方を知らない生徒には、読み方を教える。
数学の問題の解き方を知らない生徒には、数学の解き方を教える。
マナーを守らない生徒には罰を与える。

　教えられるタイミングはどこでしょう？　「教えるため」。それこそが、私たちがこの最も崇高な職業に就いた理由ではないでしょうか？　これは修復的実践とはどういうものかということでもあります。本書では、教えるためにデザインされた一連の実践に焦点を当てます。その中には、深い人間関係と他者のウェルビーイング〔身体的・精神的・社会的に満たされている状態〕に関心を持つことに基づいた、向社会的な行動を教えることも含まれなければなりません。

　話を続ける前に、混乱を解消することが重要です。私たちは本当に何度も質問を受けました。「処罰はどうなるのか？　生徒が取った行動の落とし前はつけさせるのか？　もし誰かを傷つけていたら？　もし物品を壊していたら？」。

　修復的実践とは癒しです。それは学習環境を再構築することです。もちろん、結果も伴います。落ち着いて計画を立てるために学校を休むことも含まれます。私たちは、学校が用いる伝統的な処罰や対処の中には、新たな学習につながらないものもあることを理解しています。

犯した過ちから生徒が学ぶ確実な方法はあります。私たちは教育者であり、その第1の役割は教えることです。

　ダグの高校の英語教師は、ダグの課題作文に苛立っていました。クラス全員の前で、教師はダグに、そんなことでは残りの人生はつまらない仕事をする破目になるぞと言いました。傷ついてイライラしたダグは、鉛筆を壁に投げつけて教室から出ていきました。その後、ダグは校長に呼び出され、校長はダグが行状書〔問題

はじめに　21

行動を校長に報告する書類〕に書かれたことをやったかどうか尋ね、ダグはそれを認めました。そして3日間の停学処分を受けました。学校では誰もダグになぜそんなことをしたのか尋ねませんでした。ダグはこの停学処分から何を学んだのでしょう？　まあ、彼が学んだことの1つは、その先生を決して信用してはいけないということだったでしょう。その日以来、ダグはそのクラスを何度も休みましたが、夏には成績を取り戻しました。でも、先生が与えた傷や信頼の欠如については、決して取り上げられることはありませんでした。もしかすると、先生は別のことを意図していたのかもしれないし、ちょっと話をすれば、その気持ちを解決できたかもしれません。もしかしたら先生は、苛立ちから発した言葉の影響を考えていなかったかもしれないし、会話をすれば、そのことに気づくことができたかもしれません。もしダグが、自分の行動が先生を怖がらせたと聞き、自分の行動の影響について学ぶ機会があったとしたらどうでしょう？　なぜ多くの機会を逃してしまったのでしょうか？　何がいけなかったのか、なぜいけなかったのか、どうすればそれを解決できたのかを、時間をかけて考える機会です。

修復的実践とは癒しです。それは学習環境を再構築することです。

では、何から始めればいいのでしょう？　私たちはどのように修復的な教室や学校を作ることができるのでしょうか？　それは「なぜ」と問うことから始まります。しかし、私たちは、その影響について広範な文献レビューを提供するつもりは——やろうと思えばできますが——ありません。私たちは、それをあなたたち自身に尋ねる方が、説得力があると思っています。あなたの「なぜ」は何ですか？　それが見つかれば、修復的実践がビジョンを達成するためにどのように役立つかがわかるはずです。

サイモン・シネックの「Start With Why（なぜから始めよ）」は、

最も視聴されている TED トークの1つです（https://www.youtube.com/watch?v=u4ZoJKF_VuA&t=2s）。シネックのメッセージは明快です。その理由こそが、あなたを突き動かし、目的を与えてくれます。それについて最後に考えたのはいつですか？　以下の質問を参考にしてください。時間をかけて考え、あなた自身の考えを書いてみてください。

あなたはなぜ教育者になったのですか？	
あなたを素晴らしい教育者／リーダーにしてくれるものは何ですか？	
生徒たちに何を望みますか？	
教育者としてのあなたのゴールは何ですか？	

　私たちは数えきれないほどの人々に、シンプルだけれど最も意味のある質問をしてきました：なぜあなたは教育者なのですか？　何度も何度も、人々は目を輝かせ、ストーリーを交えてその理由を語ってくれました。

- 子どもたちのため
- 私が出会えなかったような大人になるため
- 私の命を救ってくれた小3の時の担任の先生みたいになるため

はじめに　23

- 障害のある兄にはチャンスがなかったから、障害のある子どものために戦うため
- 人々の生活に変化をもたらすため
- 学ぶことの楽しさを教えたい
- 今までにない方法で科学について共有したい
- すべての声に耳を傾けたいから
- 次の世代の創造に貢献したいから
- 彼らが何かを理解できた時に目が輝くのを見るため
- 人生を変えるために
- 家族がみんな教育者で、私は変化を起こせると思っていたから
- 生徒が頼れる存在になるために

これらの「なぜ」の理由を読んで自分自身を振り返ると、ある傾向が見えてきます。教育者は、生徒への愛情、ケア、そして継続的な成長のためにこの職業に就いたということです。これらは、教えることの道徳的報酬として知られています。そしてこれらは、私たちの役割に満足し、私たちが選んだ仕事に対して一般的に肯定的感情を抱くための強力な力となっています。

> 若者の人生における重要な大人がその場に残りトラブルに対応してくれたら、何が違ったでしょうか？

著者であるドミニクの「なぜ」は、常にその場から離れない大人になることでした。修復的実践のおかげで、彼はその「なぜ」を体現することができます。生徒が問題を起こすと、大人はその場から離れてしまうことがあまりにも多いのです。若者の人生における重要な大人がその場に残りトラブルに対応してくれたら、何が違ったでしょうか？　排除的な慣習が私たちの「なぜ」を実現する妨げになっていると、私たちが理解したら？　人間関係を築き、維持し、修復するもっと効果的な方法があります。そし

て、生徒たちが社会的スキルと人間関係のために複雑な言葉をどう操るかを学ぶのを見守ることから得られる報酬があります。

　ドミニクが言うように、

私は生徒の話を聴くことができます。
私は生徒の物語を聴くことができます。
私は生徒たちにもう一度チャンスを与えることができます。

　重要なことは、修復的実践は生徒に長期的な変化をもたらすだけの実践ではないということです。これは、教育者であるあなた自身を強化するものでもあります。他の人間の成長を支援する仕事では、意図的または意図的でなくても人を傷つけてしまうことがありますが、修復的実践はその害[1]に対処する機会を与えてくれます。修復的実践は、あなたが自分の意見を持ち、他の人に償いをする機会を与え、自分の功績に満足して学校を去ることができる機会を与えてくれるものでもあるのです。

訳注

1　原文は「Harm」である。本書においては「害」という訳語に統一しているが、この言葉には、文脈により損害、危害、不都合、損なわれたものなど様々な意味を含む。

はじめに　25

MODULE 1

修復的実践のロジック
(論理的構造)

信念の表明

修復的実践の基盤は、
生徒・スタッフ・コミュニティの間にある関係に
積極的に力を注ごうとする学校の文化です。

ジレンマ

トニー・ホールは高校の新任教師です。学校は都市部にあり、通りの向かいにコンビニエンスストアがあって、生徒は学校が始まる前によく食べ物や飲み物を買いに行きます。毎日違う職員が始業前に外に立ち、生徒たちに道を横切らずに歩道橋を使うように注意をしています。

ある朝、知らない生徒が道を横切ってコンビニエンスストアに行った時、ホール先生は当番で外に立っていました。生徒が道路を渡って戻ってきた時、ホール先生は歩道橋を使いなさいと呼びかけました。生徒が無視したので、ホール先生は生徒に近づき、「おい！　歩道橋を使うように頼んだんだよ。道を横切ってはいけない」と言いました。

家で口論し、1学期の成績は落ち、SNSの否定的な投稿を見てすでにしんどい1日を送っていたその生徒は答えます。「お前誰だよ」。ホール先生は、自分はこの学校の新任スタッフであり、生徒は彼の言うことを聞く必要があると説明しました。

イライラと自分の困難で頭がいっぱいだった生徒はこう答えてしまいます。「お前なんか知るか。どっか行け、このクソ野郎！」。そして教室に向かって歩き続けました。

生徒の敬意を欠いた行動と言葉にショックを受けて腹を立てたホール先生は、すぐに生徒を校長室に連れて行きます。ホール先生は熱くなって激怒した状態で、校長先生に状況を説明します。

校長はこの状況にどう対処すべきでしょうか？

28

よくある誤解

生徒として、教師として、あるいは管理職として、同じような状況に陥ったことがある人は多いでしょう。このような白熱した場面で自覚しておくことが重要なのは、私たち一人ひとりが自分の経験、メンタル・モデル〔人が無自覚に持つイメージや先入観〕、バイアス〔情報の選択、解釈、記憶に偏りを生じさせる傾向〕をその状況に持ち込むということです。そして忘れてはならないのは、これらはその瞬間の感情によってだけではなく、もっと前の時間から残っている感情にも促進されるということです。予期せぬ出来事が起きた時、私たちは素早く決断するためにメンタルショートカット〔経験則〕[1]に頼りがちです。問題は、そのような意思決定のショートカットは時にエラーを引き起こしてしまうということです（これについては、後で詳述します）。

あなたは、修復的実践についてバイアスを持っている可能性もあります。もしかするとニュースで聞いたことがあるかもしれないし、他の教育者たちとこれについて会話をしたことがあるかもしれません。まずは修復的実践についての誤解を解きたいと思います。

誤解1：修復的実践がうまくいくのは、生徒数の少ない学校だけです。人数の多い学校は生徒数が多すぎて取り組みができません。

事実：修復的実践はどのような規模の学校でも用いることができます。大規模な学校は生徒が多くいますが、生徒と関係を築く先生／スタッフの数も多いのです。

誤解2：修復的実践は生徒の責任を問いません。生徒はその結果を引き受けることなく、何を言っても何をしてもよいのです。

事実：修復的実践は生徒の責任をより高いレベルに引き上げます。なぜなら、生徒と先生は真の個人的な成長と変化を促進するための選択・行動・振る舞いについて協働的な対話を行うからです。

誤解3：生徒は適切な振る舞い方を知ってから学校に来るべきです。

事実：多くの子どもや若者は、家や自分のコミュニティの大人によって影響を受け、そこで示されたことを見て真似ています。もし彼らの生活の中にいる大人が適切な行動のモデルを示せなかったり、肯定的な社会的・情緒的行動をよく理解していなかったりすれば、生徒たちにそれらのスキルを持って学校に来ることを期待することはできません。私たちは教育者として読み書きや数学を教えるのと同じように、行動についても教える必要があります。

誤解4：否定的もしくは問題のある行動をする生徒は、意識的で合目的的な選択に基づいてその行動をしています。

事実：多くの生徒が、トラウマや逆境的小児期体験、様々な種類の葛藤、その他、自動反応や自己防衛メカニズムに影響を及ぼすような多くのことを経験しながら学校に通っています。私たちはトラウマを扱い、生徒がこれらの経験を教育者にどのように表現しているのかの理解をする必要があります。

誤解5：教師は勉強に関する内容だけ教えるべきです。それ以外のことは、彼らの家族やカウンセラーが扱うべきことです。

事実：現実として、まず生徒の身体的・情緒的ニーズが満たされていなければ、他に何を教えようとしても意味はありません。それを学ぶ能力が準

30

備できていないのですから。修復的実践では、子ども全体、状況全体を支援し、生徒が学ぶための安全で居心地のいい場所を作り出すことを目指しています。

誤解6：修復的実践とは、限られた時間内だけで使用する介入方法のことを指します。

事実：修復的実践は、生徒と関係を構築し、安全な学習環境を作るための継続的な取り組みです。成長と変化には時間がかかり、すべての生徒がすぐに反応するわけではありません。

誤解7：停学や退学の代わりに修復的実践を行うことは、暴力的あるいは極端な行動を容認することになります。

事実：極端な行動を取った生徒を排除することは、問題をどこか別のところに移すだけです——何の解決にもなりません。修復的実践は生徒に彼らの行動を変えるチャンスを提供し、その生徒が永続的な変化を遂げるために必要なサービスとサポートを得られる機会を提供します。

誤解8：修復的実践は、極端な行動を取った生徒を停学や退学にすることを不可能にしてしまいます。

事実：修復的実践は、安全で秩序ある環境を維持するための教育者の道具箱をかなり充実させます。それは、懲戒手段を含む他の方法にとって代わるものではありません。しかし、修復的実践を行った結果、その他の説明責任システムが成長し、停学率や退学率が著しく低下することはあります。

修復的実践のロジック　　31

学習のねらい

- 私は修復的実践の原則を学びます。
- 私は学校が修復的実践を行う方法について学びます。

達成基準

- 私は修復的実践のロジックモデル[2]を説明できます。
- 私は自分の経験について振り返って考えることができます。
- 私は修復的実践の原則をシナリオに適用できます。

修復的実践はどこから来たのか？

　修復的実践には、3つの大きな流れがあります。第1の流れは、最も長く続いているものであり、世界中の先住民文化と呼応しています。コミュニティを問題解決の中心に据えるマオリ族、ネイティブ・アメリカン、ファースト・ネイションズの実践にこうしたつながりが最も明らかに見られます。そこでは「害（Harm）」は個人間の対立としてのみ理解されるものではなく、集団レベルで理解されるものです。したがって、害の修復にはコミュニティの関与が必須なのです。

　2つ目の流れは、社会科学、特に調停と解決の実践からもたらされたものです。ソーシャルワーク、カウンセリング、心理学の各分野は、人々が感情・傷・害を認識し、解決や償いを見出すために前進するのを支援する重要性に着目しています。付加的な側面として、それによって参加者が自分自身についての洞察を経験できることもあります。参加者は知恵を得て、将来的な決断を下すためのよりよい能力を身につけることができるのです。

　第3の流れは、刑事司法の分野から生じています。修復的司法

という用語は、与えた被害だけでなく行為に対する責任を取ること、そして被害者の意見を聞くというプロセスに積極的に参加することに重点を置いた、施設収容や単なる罰に代わるプロセスを表すのに使われます。1970年代に初めて使用された修復的司法は、少年司法制度において特に効果的であることが証明されました。修復的司法は、若者の人生における警察と学校という2つの機関の架け橋となることも見出されました。本書の焦点は修復的実践であり、これより広範な積極的アプローチと予防的アプローチを包含しています。とはいえ、本書で扱う修復的会議や被害者・加害者対話では、これら様々な組織から学んだ修復的司法の教訓を活用しています。

　これらの領域は、対立解決の重要な要素に影響を与えています。しかし、修復的実践は、問題行動以上のものを包含しています。実際、修復的文化を構築せずに対立にのみ焦点を当てる取り組みは失敗する運命にあります。修復する価値があると思わせる信頼に基づく関係性がそこにはないから

> 「害」は個人間の対立としてのみ理解されるものではなく、集団レベルで理解されるものです。したがって、害の修復にはコミュニティの関与が必須なのです。

です。修復的実践は、生徒の自己調節能力、意思決定能力、自己統治能力を高める積極的なアプローチです。21世紀型スキルやソフト・スキルと呼ばれるこれらのスキルがなければ、生徒たちは自分の願望を達成するために必要な学問的進歩を遂げることはできないでしょう。学校レベルにおいて修復的実践は、排除を減らし、学校風土を改善し、「関係主導の学校コミュニティを育む」（Kervick et al., 2020: 155）ことで、公平な規律をもたらす道を提供してくれます。黒人をはじめとするマイノリティの生徒や障害のある生徒が、停学や退学などの重すぎる懲戒処分を受けていることは、データからも明らかです（例：Gregory et al., 2010）。

修復的実践のロジック　　33

修復的実践についての原則と研究

修復的実践に関する研究は、従来の規律的アプローチと比較した場合、生徒が自分の行動に責任を持つ能力にプラスの効果をもたらすとされています（Gregory et al., 2015）。黒人の小学 5 年生と中学 2 年生の生徒の認識を調べた興味深い研究によると、生徒たちは修復的サークルという重要なグループ実践を使うことで、他者の視点を取り入れ、コミュニケーションを通じて対立を解決する能力が養われたと考えていることが示されました（Skrzypek et al., 2020）。

実際、修復的文化を構築せずに対立にのみ焦点を当てる取り組みは失敗する運命にあります。

多くの学校は、排除的な規律、特に停学や退学において、人種・民族・性別・能力格差に対処する包括的な方法として修復的実践を採用しています。研究者たちは、規律格差と学力格差の間に明確な線を引き、「同じコインの表と裏」と呼んでいます（Gregory et al., 2010: 59）。さらに最近では、修復的実践は多層的支援システム（MTSS）[3]や、社会性と感情を学習[4]する取り組み（González et al., 2019）など、他の取り組みへの重要な概念的橋渡しとみなされてもいます。

修復的実践のロジックモデル

修復的実践は、勝手に起こってくるものではありません――生徒が変化し、学校教育をまったく異なるように体験する可能性から十分に利益を得られるよう協働作業を必要とします。それを行う 1 つの方法が、簡単なロジックモデルを作成することです。ロジックモデルは、あなたの取り組みがどのように機能するかについての概観を示してくれ、かつその行動がいつ何を達成するのかを説明してくれます（Jurian, 1997）。これを「変化の理論」と呼んだり、「ロー

ドマップ」と呼んだりする人もいます。ロジックモデルを持つことはあなたに以下のことをもたらします。

- 共通の課題を認識する
- リソース〔資源〕を割り当てる
- 影響を予測する
- 成功に向けてのモニタリング

　意図した結果を達成するために必要なリソースや活動の概要を示すものとして（図表 1.1 参照）、ロジックモデルが役立つと考える人がいます。リソースや活動が意図した成果とどのように整合しているかを確認できる方法であるという人もいます。単に目標を挙げ、その成果を述べるだけでは十分ではありません。結局のところ、計画のない目標は単なる願望にすぎないのです。

修復的実践を毎日のかかわりに織り込む

　修復的実践は、80％は事前対応型／先回り型、20％は事後対応型／反応型という 80／20 モデルに基づいて構築されています。これまで学校の方針は懲罰的なものであり、正しい罰則を与えれば行動を変えられると信じられてきました。しかし、幼稚園から高校までの学校で過ごしたことのある人なら誰でも、懲罰的な行動が必ずしも生徒に望ましい結果をもたらすとは限らないことを知っています。どこか上位の機関に送る、クラスから排除する、居残り、停学、あるいは退学といった従来の懲罰的な対処は、根本的な問題に取り組んでいないため、問題の解決にはなりません。修復的実践は真の問題に取り組もうとするものであり、100％成功するわけでもなければ、100％修復されるわけでもないかもしれませんが、まっ

修復的実践のロジック　　35

図表 1.1　修復的実践のロジックモデル〔施策の論理的構造〕

目標：子どもたち一人ひとりのニーズに応え、すべての人に喜びを与える健全な学校エコシステムを創造する

意図する取り組み		意図する結果	
リソース〔資源〕	活動	アウトプット〔目に見える成果・数字〕 直接的利益	結果 間接的利益
もしこれらのリソースにアクセスできれば、**すなわち**これらの活動は完遂できる			
	もし私たちがこれらの活動を完遂すれば、**すなわち**これらの変化は直接的な結果につながる		
		もし活動が計画どおりに実施されれば、**すなわち**これらの変化が結果につながる	
			もし参加者が私たちの取り組みから利益を得れば、**すなわち**その他のシステム、組織、コミュニティも変化する
・主要な関係者で構成されるリーダーシップ・チーム ・適切な経験値を持つ学校ベースの精神保健の専門家 ・アセスメントツール ・修復的実践のトレーニング教材	・アセスメント情報のとりまとめ ・アセスメント結果の分析 ・懲戒に関する方針の評価 ・修復的文化の創造と維持に尽力する ・核となるプログラムや取り組みに修復的実践を組みこむ計画を立てる ・感情の言葉や即興の会話などを含む修復的実践について教育スタッフを養成する ・修復的会話を通じて対処されるべき行動を定義する ・修復的会議を通じて対処されるべき行動を定義する ・最善の実践に関する継続的研修を提供する	・社会的－情動的技能と学問的能力の向上 ・懲戒を検討する事例の減少 ・排除的な懲戒（停学・退学）の減少 ・懲戒の決定における公平性の向上 ・生徒たちの所属意識の向上 ・修復的サークルが学問的、社会的、行動の問題などを含む様々な話題で実施される ・中退率の減少 ・生徒とスタッフの出席率の増加	・学校環境の改善 ・精神的・身体的健康の改善 ・健康リスクを伴う行動の減少 ・少年司法制度に係属する生徒の減少 ・スタッフの仕事満足度の向上 ・障害のラベリングや診断の減少

たく努力しないよりはましなのです。

　修復的実践は、授業場面でもそれ以外でも、日々の学校生活を通して行うことができます。学校にいるすべての人——管理職、カウンセラー、教師、職員——が修復的実践を活用でき、それによって生徒との関係を築き、安全で受容的な環境を作ることができます。修復的な学校風土が確立されれば、生徒たちは教師を信頼し、校内で何か注意を要することが起こった場合、安心して大人に助けを求めることができます。その状況には何らかの結果が伴うかもしれませんが、生徒たちは、大人たちが自分たちを「捕まえ」ようとしているのではないことを理解するようになり、彼らは、大人たちの目標は校内の全員に質の高い学習経験を保証する、安全な環境を作ることなのだと理解します。

あなたの歴史はどのようなものでしょうか?

　規律に関して言えば、私たちは各々が経験と専門的教育の産物と言えます。後者の「専門的教育」について考えましょう。私たちの多くは、大学の予備教育課程で「教室運営」という科目を履修したと思います。おそらく、ボードに名前を書いたり、クリップチャート[5]を使ったり、行状書を書いたり、タイムアウトコーナー[6]を設けたりといったテクニックを学んだことでしょう。採用された時には、懲戒手続きについて書かれた地区職員ハンドブック[7]を読んだことと思います。そして何よりも、いつ行状書を書くべきか、どの管理職があなたの立場に同情的か、教師たちの談話室でのおしゃべりをもとにあなたを困らせそうな子どもは誰なのかを判断する、といった非公式な

多くの学校は、排除的な規律、特に停学や退学において、人種・民族・性別・能力格差に対処する包括的な方法として修復的実践を採用しています。

修復的実践のロジック　　37

（時には暗黙の）慣習を目にしながら、いろいろなことを吸収したでしょう。

　しかし、あなたの経験は、学校で働く大人として見聞きしたことに限られるものではありません。私たちは、あなたの経験を書いたり、小グループで分かち合ったりしながら振り返るワークに招待したいと思います（図表1.2）。すべての情報を開示する必要はありません。私たちはあなたをさらに苦しめたいと思っているわけではないのです。あなたに深い傷を負わせたトラウマ的な出来事ではなく、あなたが不当な扱いを受けた時のことを思い出してください。このアクティビティに参加したくないと思う場合は、そうしてください。このアクティビティを通して、正義の意味について考えたいと思います。

図表1.2　あなたが被害者だった時

指示：故意であろうとなかろうと、あなたが不当な扱いを受けたと思った時の経験を書いてください。その時の状況を詳細に書く必要はありません。どのような経験をしたのかということだけを考えてください。

どう感じましたか？	
加害者に何を聞きたかったですか？	
彼らに他に言いたかったことは？	
誰が、もしくは何があなたのために物事を正すことができたでしょうか？	

あなたにとって正義とはどのようなものだったでしょうか？

　私たちはそれぞれ、故意または故意でない形で被害を経験したことがあります。その被害が法に抵触するものであれば、加害者は罰せられたかもしれません。しかし加害者への罰は、解決と同じではありません。被害者はしばしば答えを受け取れない疑問を抱きます：なぜ私が？　私が何をしたのか？　加害者は何を考えていたのか？　解決に至らなかった場合、それは別の形で心に残る可能性があります。私たちは教育関係者とこのアクティビティを何度も行っていますが、そのうちの多くの出来事が何年も前に起こったものであることにいつも驚かされます。必要な心の整理ができなかったために、不安定な気持ちが増幅するのは珍しくありません。埋め合わせや約束をする機会がない場合、その経験は私たちの心に残るのです。

　私たちはそれぞれ、自分が故意かまたは故意ではないかにかかわらず、加害者になったこともあるはずです。これは、私たちが直面しなければいけない不快な事実でもあります。次のエクササイズ（図表1.3）では、あなたが誰かの物語の中で加害者だった時のことを考えてもらうワークに招待します。これはただあなたが振り返るためのものです。これについて話し合う必要はありません。目的は、あなたにとっての正義は何かを探究し、修復的実践が、私たちの誰もが抱える満たされなかったニーズを扱うのにどう役に立つのかを考えることにあります。そしてそれには私たちの生徒も含まれています。

　この経験は、あなたに別の感情を引き起こしたかもしれません。私たちが耳にする最も一般的な反応は、害を与えた人に謝罪したかったというものです。解決は双方向に機能します。私たちが最

修復的実践のロジック　　39

高の自分ではない時の自分の行動を認め、謝罪し、ある程度の許し
を得ることは、その行動を二度としないために約束をするのと同じ
ように、どうやって前に進めばいいかについての重要なツールを与
えてくれます。

図表 1.3　あなたが加害者だった時

指示：故意であろうとなかろうと、あなたが加害者になったと思う時のことを書いて
　　　　ください。あなたが何か間違ったことをしてしまったと思う時——あなたが自
　　　　分で誇りに思えない行動をした時——で、それが露見した時のことです。

どう感じましたか？	
被害者に何を言いたかったですか？	
誰が、もしくは何があなたのために物事を正すことができたでしょうか？	
あなたと被害者にとって正義とはどのようなものだったでしょうか？	

修復的文化

　修復的実践の核は修復的な文化にあります。それは、私たちが生
涯を通じて様々な場面で被害者であり加害者であったことを認める
賢さと謙虚さから始まります。さらにそれは、若者は社会について
学んでいるのであって、私たちが授業で生徒たちに教えている物理
的・生物学的な世界についてのみ学んでいるのではないという知識

を前提とします。教育者は、生徒が世界を優雅に歩むためのモデル
となります。私たちは所属の意識を伸ばすクラスを作り、生徒たち
が目標や願望を追求できる自律性の感覚を構築するための言葉を使
います。私たちは彼らに、仲間から受け入れられるために必要な向
社会的スキルを教えます。このような場合には、仲間との関係を改
善するために、感情に名前をつけ、問題を解決することを助ける努
力が必要になるかもしれません。私たちは、意思決定を共有し、選
択責任を行使することによって、何が起こるかを生徒が管理できる
ような教室と学校を作ります。また、より重大な対立
に直面した時には、生徒が自分自身や他人を擁護し、
責任を取り、償いをするよう導きます。このような取
り組みは、個人、学級、学校の各レベルで入れ子構造
になっています。図表 1.4 を使って、あなたやあなた
の同僚が行っているこれらの取り組みについて、数分
間考えてみてください。あなたの学校は、どのような
環境ですか？

> 目標は校内の全員に
> 質の高い学習経験を
> 保証する、安全な環境を
> 作ることなのです。

図表 1.4　修復的文化目録

指示：あなたの学校でこれらの取り組みが行われていることを示すどのような証拠が
　　　 ありますか？　強みは何だと思いますか？　ギャップは存在しますか？

	この状態を促進するには個人として何をすればよいでしょうか？	この状態を強化するために教室レベルで何が起こるとよいでしょうか？	学校全体のどのような取り組みがこの状態をサポートするでしょうか？
所属感			
自律の言葉と目標設定			

修復的実践のロジック　　41

	この状態を促進するには個人として何をすればよいでしょうか？	この状態を強化するために教室レベルで何が起こるとよいでしょうか？	学校全体のどのような取り組みがこの状態をサポートするでしょうか？
向社会的スキル			
ガバナンスと意思決定			
対立への対処			

私はどれくらい修復的か？

　修復的司法は一般的に学校全体が主導する取り組みと考えられていますが、一つひとつの成功は個々人の努力の賜物です。最初に言っておきたいのは、修復的なマインドセット〔無意識の思考パターンや固定化された考え方〕を体現する能力は最初から与えられているものではないということです。私たちは、教育者である前に人間です。健康状態、前の晩の睡眠時間、個人・家族の心配や背負っている懸念……これらはすべて、日々、修復的なマインドセットを実践する能力に影響を与えています。すでに述べたとおり、これらは生徒とかかわる時のメンタルショートカットにも影響を与えます。これらは私たちや生徒の両方がベストの状態ではない時に、より悪化しうるものでもあります。

　これらのメンタルショートカットは、「ヒューリスティックス」

——経験則——と呼ばれています。私たちの脳は周辺の環境を理解するのを助けるため、パターンや関連性を見つけ出すようにできています。この認知プロセスは幼少時から始まり、ずっと鍛えられています。これらのパターンを使ってショートカットを作り上げ、それは年齢を重ねるにつれて複雑さが増してきます。この認知的な側面でのショートカットは迅速な意思決定を助けており、とてもよいことでもあります。はるか昔、私たちの祖先はバイアスを利用して誰が味方で誰が敵かを瞬時に判断していました。居住環境や脳の成熟によって、現代人は仕事量を単純化するための認知的ショートカットとしてバイアスを使用するようになりました。私たちは、特定の考え、意見、購買行動、相互作用、友人（などなど、リストは永遠に続く）に賛成か反対かを決めるために不均衡に重みづけをする「心の尺度」を作り出しました。重要なのは、これらの認知的ショートカットのすべてが悪いわけではないということです。教

> 埋め合わせや約束をする機会がない場合、その経験は私たちの心に残るのです。

師（と人間）として経験する多忙な日々を乗り切るために、私たちは多くの場面でこれらを使っています。ただ不幸なことに、私たちのショートカットは、私たちを生徒やコミュニティに否定的な影響を与えるような欠陥のあるマインドセットや過度の一般化[8]に導くことがあります。さらにこれを複雑にするのが、これらのメンタルプロセスが脳の複雑かつ隠れた部分で無意識に起きることです。

　私たちはこれらの認知的ショートカットを生徒たちとのかかわりに持ち込むこともありえます。あなたと対立を抱えている生徒との相互作用のことを思い起こしてください。他人を巻き込むような深刻な対立のことを言っているのではありません。その代わりに、よくある迷惑状況での交流パターンについて考えてみましょう。このタイプの対立はいつも使っている再方向づけがうまく機能しない時

修復的実践のロジック　　43

に起こります。むしろ問題が続いてしまいます——例えば生徒が携帯電話を使いすぎる、静かにするように言ったのに子どもが友達とテーブルで話している、あなたが出した課題を生徒がやらないなどです。さあ、あなたの交流について以下の自己評価で振り返ってみてください。

自己評価：私はどれくらい修復的か？

指示：何か事件や問題が起きた時、あなたの役割としてどのように生徒（もしくはスタッフ）を扱うかについて振り返ってください。「いいえ」「あまりない」「たいてい」「いつも」の中から該当するものにチェックをしてください。

	いいえ	あまりない	たいてい	いつも
1. 会話中、冷静でいますか？				
2. 遮ることなく、話を聞いていますか？				
3. 生徒はなぜ話し合いをしているのか理解していますか？				
4. 生徒はあなたを聴き上手だと言っていますか？				
5. その問題に学校の価値観をどう適用するか、みんなで考えていますか？				
6. 生徒は自分たちが引き起こした害について、誰がどのように影響を受けたか理解していますか？				
7. その出来事があなたにどのような影響を与えたかについて話していますか？				

	いいえ	あまりない	たいてい	いつも
8. 物事がうまくいかなかった時、自分が果たしたかもしれない役割に責任を持ち、それを認め、謝罪していますか？				
9. この生徒と自分がどの程度関係を持っているか、またそれが自分たちのやりとりに対する期待にどのように影響するかを考慮していますか？				
10. 生徒があなたに謝罪した場合、その謝罪を敬意を持って受け入れていますか？				
11. あなたは生徒と協働して計画を立てますか？				
12. どこかの段階で、自分が信頼している誰かに自分の実践を観察して正直なフィードバックがほしいと頼んでいますか？				
13. ほとんどの問題や出来事について自分自身で対処しようとしていますか？				
14. 問題が自分にとって難しくなった時、サポートを求めていますか？				
15. さらなるサポートを探す場合、学校のシステムに従っていますか？				
16. 生徒との関係は修復されていますか？				

出典：Positive Behaviour for Learning (2014a: 15).「How restorative am I?」を修正。
©Margaret Thorsborne and Associates, 2009.

修復的実践のロジック　45

あなたの経験を振り返ってみましたが、ここから何を読み取りますか？　時間を取って自分の日々の反応について分析し、次の質問について考えてみてください。

どんなパターンに気づきましたか？	
あなたはどんな強みを持っていますか？	
どんな領域での成長が見込まれますか？	

ジレンマ：第2幕

校長がどのように修復的な学校風土を作るのを助けたかを見るために、登校前に道を横切った生徒とホール先生のやりとりを振り返ってみましょう。ホール先生と生徒の両方が校長室にいることを想像してください。

最初に、校長は生徒にオフィスの外に出て座っているように言います。数分経ったら話しましょう、と。そして彼女はまず、ホール先生にオフィスの中で座るよう伝え、その時どのようなことを感じていたか、そして今はどう感じているのか尋ねます。校長は、多くの学生がクラスの外や学校の中で困難な状況下にいること、そして彼らが周囲と関係性を構築し、修復するのを助けるために修復的な会話を実践しているところであるとホール先生に伝えます。彼女は、これは生徒の失礼な言葉や不敬を許すものではなく、会話の中でこのことに対処することを約束します。

そして校長は生徒をオフィスに呼び、彼とホール先生の会話をファシリテート〔促進〕します。会話の中で、生徒は昨晩と今朝は何も食べていないことと、学校に行く前に何か食べるものを手に入れようとしたところだったと話します。彼はまた、学校に到着する前から他の誰かとトラブルがあって、ホール先生はたまたま「次に並んでいた」人だっただけだと説明します。ホール先生もまた自分の視点を説明し、その生徒の態度がいかに敬意を欠いていると感じさせたかについて説明する機会を得て、3人は一緒に状況の修復のために取り組みます。

> 修復的なマインドセットを
> 体現する能力は
> 最初から与えられている
> ものではありません。
> 私たちは、教育者である前に
> 人間です。

その後1年を通して、ホール先生はその生徒に校舎内で出会いましたが、相互作用はまったく違うものとなりました。なぜなら、彼らは相互理解ができていたからです。

手続き

本書を読むと、以下の鍵となる概念を中心に、図表1.5に描いたように修復的実践を生み出していくためのヒントが得られるでしょう。

修復的実践のロジック　　47

- **修復的文化**は、私たちが自律性とアイデンティティを構築するために使う言葉をもたらします。私たちは、若者たちが自分の目標や願望を追求できる学問的な環境を作ることに向けて努力しています。修復的文化を生み出すためには、教師の信頼性を高め、高い期待を持ち、学校コミュニティのそれぞれのメンバーがよい関係性を育む方法に注意を払います。
- **修復的会話**は、問題を解決し、意思決定をし、全員にとって満足かつ成長を促す方法で解決に至る能力を、大人にも子どもにも与えてくれます。このプロセスでは、気持ちを言葉にし、即興的な会話を行うことによって、視点の理解を深める認知的リフレーミング〔見る角度や視点を変えることで違った意味を見出すこと〕が求められます。
- **修復的サークル**は、対話を通じて学問的な学習を促進し、コミュニティを構築し、クラスの意思決定をし、癒しを通じて解決に到達するためのツールです。サークルの種類ごとに目的に合わせたプロトコル〔約束事・決まり〕のセットがあります。
- **修復的会議**には、被害者・加害者間でガイドつきの対話を行うフォーマルなミーティングも含まれます。これらのカンファレンスには学校コミュニティへの復帰計画や、対立によって影響を受けた大人と生徒たちも参加します。

私たちは、若者たちが自分の目標や願望を追求できる学問的な環境を作ることに向けて努力しています。

修復的実践は、教育者、生徒、家族間での大小様々な相互作用を含んでいます。以下のシナリオを読んで、学校や教師に何がアドバイスできるか考えてみましょう。

図表 1.5　修復的実践

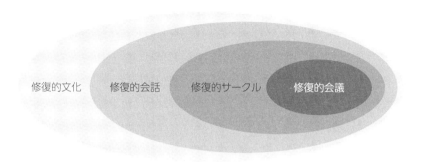

修復的文化	修復的会話	修復的サークル	修復的会議
・尊重の基盤 ・高い期待	・気持ちを言葉にする ・即興的会話	・サークル	・被害者・加害者対話

 事例

　ジェイコブはエイブラム先生の6年生の生徒です。ジェイコブは遅刻することが多く、朝のベル・リンガーアクティビティ[9]をやり遂げられないことがしばしばありました。特に今週は大変な1週間でした。ジェイコブは月曜日には10分、火曜は15分、水曜は8分遅れました。学校の方針では、3回遅刻をすると、1日は昼休みの権利を失うことになっています。ジェイコブは、遅刻するのは母親のせいだと言い訳しています。

> エイブラム先生はこの状況にどう対処すべきでしょうか？

 推奨と意味

　一般的に推奨される対応について表を作ってみました。本モジュールがあなたに投げかけた、あなた自身の現場特有の意味や疑問を追加してください。

	一般的推奨	現場特有の意味と疑問
全校	すでに構築されている手続きの目録作りを行い、ギャップが残っている場所を見つけ出す。	
リーダー	教師、保護者、生徒と対話を行い、修復的実践に関する彼らの知識や印象を把握する。	
教師	生徒との修復的な会話をモニターして、自分自身の現在の実践について気づきを得る。	
生徒	修復的実践を念頭に置いて学校風土の調査データを見直す。生徒の回答は学校について何を教えてくれるか？	

	一般的推奨	現場特有の意味と疑問
家族とコミュニティ	家族の代表者と修復的実践についての知識や印象について話し、最初のフィードバックを得る。	

 振り返り

　モジュールの最初に書いてある達成基準について振り返り、自分自身に尋ねましょう。これらのことが今できますか？　以下に考えたことを書いてみてください。

修復的実践のロジックモデルを説明できますか？	
自分の経験について振り返って考えることができますか？	
修復的実践の原則をシナリオに適用できますか？	

訳注

1 人間が問題を解決したり、新しい概念を獲得したりするのに役立つ効率的な精神的プロセスを指す心理学用語。

2 ロジックモデルとは、ある施策がその目的を達成するまでの論理的な因果関係を明示したもの。

3 Multi-Tiered System of Supports のこと。教育における多様な領域や科目内容に対応するために、いくつかの多層システムを、1つの一貫した戦略的に組み合わされたシステムに統合するもの（McIntosh, K. & Goodman, S. (2016). *Integrated Multi-Tiered Systems of Support Blending RTI and PBIS*. The Guilford Press）で、行動支援と学業支援を統合した実践（野田, 2020：https://www.jstage.jst.go.jp/article/jjba/34/2/34_198/_pdf/-char/ja）。日本の生徒指導提要で示された「重層的支援構造」とは必ずしも同一ではないが、日本版 MTSS とみなすことができる（https://www.gakuji.co.jp/news/n104858.html）。

4 Social Emotional Learning。①自己理解、②セルフマネジメント、③社会や他者の理解、④対人関係スキル、⑤責任ある意思決定の5つの能力を育てるもの。対人関係能力育成とも呼ばれる。

5 「とても素晴らしい」から「警告」「親に連絡」まで何段階かに分かれた評価の一覧（縦長で構成され、良い評価は上に、悪い評価は下に位置する）に、それぞれの子どもの名前を書いたクリップなどをつけて自分の評価（位置）を視覚的に見せる方法。

6 問題を起こした生徒が一定時間クラスから離れているための場所。

7 日本にこれに該当するものはないと思われるが、子どもの問題行動に対する手続き・対応手順が書かれているようなものを指す。

8 ごく一部の情報だけで全部を決めつけてしまう、心理学で「認知の歪み」と呼ばれる思考のこと。

9 生徒を素早く集中させ学習モードに入らせるとともに、リラックスして生産性の高い環境を作るために行う簡単な活動。出席を取ったり、生徒の質問に答えたり、問いに返答させたりする時間。ウォームアップ、ウォーミングアップに近い活動。

MODULE 2

尊重の基盤

信念の表明

教室と学校に尊重という強い基盤を作ることは、生徒たちのウェルビーイングと修復的実践に取り組みたいという意欲を高めます。

ジレンマ

　学校の始業日、ジャネット・クラーク先生は、いくつかの「知り合う」ためのアクティビティを用意し、生徒たちが互いに学び合うことを手助けしようと思っています。彼女は、生徒の自己の感覚を高め、学習者コミュニティとしてともに成長する中で、生徒が自分の個性を分かち合えるようにすることに大きな喜びを感じています。

　この日、生徒たちは教室に入ると「私は誰？」ポスターを作りました。生徒用にマーカー、クレヨン、色鉛筆が用意され、みんな課題に真面目に取り組んでいるように見えました。

　全員が到着し、クラーク先生は出席を取り始めます。彼女はクラスのほとんどの子たちの名前を簡単に発音できます。彼女は、何人かの生徒には名前を言ってくれるよう丁寧に頼み、生徒が言ったことを繰り返して、彼らの名前を正しく発音できます。

　名簿の最後の方になり、先生はどう発音するのかわからない名前につきあたりました。その名前は、アルンダディ・パテルです。名前を間違えて発音したくないので、彼女は「パテルさん、あなたの名前をどう発音すればよいのか教えてくれる？」と言います。生徒は内気そうで、小さな声ではありますが、声に出して名前を言います。クラーク先生は、名前を正しく発音しようと熱心に努力しましたが、数回やってもうまく発音できません。

　正しく発音できないことに当惑し、またその生徒にそれ以上注目を集めたくないので、クラーク先生は、「あなたの名前を不正確に言い続けたくありません。今年度あなたをニックネームで呼ぶのはどうかしら？」と言います。

　うなだれて席に戻ったアルンダディは、今年度「ドッティー」と呼ばれることにおとなしく同意します。

> あなたは、クラーク先生のこの状況の扱い方に賛成ですか？ 賛成でないなら、他にどのようにできますか？

 よくある誤解

誤解1：生徒の所属意識を高めることは、修復的実践の一部ではありません。

事実：生徒が修復的な会話、サークル、会議などの個人的な作業に力を注ぎ、振る舞いや行動、考え方を変える努力をするためには、学校やそこにいる人々への所属意識、受容、コミットメント［関与・かかわり合い］を感じる必要があります。所属意識がなければ、生徒は学業や学校の社会的側面から完全に離れてしまう可能性が高くなります。

誤解2：歓迎の雰囲気作りを約束するミッション・ステートメント［理念実現のための行動方針］が書かれた学校であれば、生徒は自動的に所属意識と主体性を感じるようになります。そのミッション・ステートメントが校内の壁に掲示されていれば、こうした感情は特に強まります。

事実：学校の文化や風土にその価値観が自動的に反映されるとは限りません。所属意識と主体性の創造は、学校のあらゆる側面から生まれます。それは校内の壁に何が書かれているか、教職員がどのように生徒と接しているか、積極的な行動と問題行動がどのように行われているか、などです。

尊重の基盤 55

また、生徒の成功がどのように称えられるか、家族がどのように扱われるか、生徒がどのように決断する力を与えられるか、なども含まれます。

誤解3：励ましの言葉は、生徒が学校で主体性を感じるための最善の方法です。

事実：私たちが、生徒に対し、生徒の周りで、生徒について使う言葉は非常に重要です。しかし、生徒の所属意識と主体性を高めるには、時間と配慮も重要です。自分自身の精神的・肉体的健康のために境界線を設けることは重要ですが、生徒と接し、ともにいる時間を費やすことは、生徒の学業上の成功や人間としての成長をどれだけ気にかけているかを示すことになります。

誤解4：私の教師としての信頼性は、私の教科の知識に基づいています。私は多くのことを知っているので、生徒に自分の信頼性を伝えることができます。

事実：あなたの教科の知識は、教師の信頼性の一側面でしかありません。そして、信頼性に関しては、私たちではなく、生徒が決めます。

学習のねらい

- 私は所属意識がいかに修復的な文化と結びついているか学んでいます。
- 私は生徒の学習に大きな影響を与える教師の信頼性について学んでいます。

達成基準

- 私は自分の練習が成功の基盤に貢献していると評価できます。
- 私は生徒たちとの信頼関係を築き、確立するための自分の努力を振り返ることができます。

- 私は学問的な学習と情緒的な学習を促進するために、生徒の主体性を構築することを学んでいます。

- 私は教室や学校における生徒の主体性を構築する機会を分析することができます。

このモジュールのタイトルを「尊重の基盤」としたのは、生徒が学ぶには、敬意のある学習環境を作ることが重要だからです。生徒が安全ではないと感じたり、何かに思い切ってチャレンジすることや弱音を吐くことに不安や恐れを感じたりすると、学習は妨げられます。私たちは、生徒が教師から社会的、感情的、行動的、学問的スキルを学ぶ必要があると考えています。教育者が安全な学習空間を育み、生徒と健全な成長を促す関係を築き、信頼性を維持し、生徒の主体性を構築することで、驚くべきことが起こります。そしてそれは、すべての生徒が学習環境に自分の居場所があると感じることから始まります。

グディノウ（Goodenow, 1993）は、「所属」とは、学級で他者（教師や仲間）に受け入れられ、評価され、包摂され、励まされることであり、自分自身が学級の生活や活動の重要な一部であると感じることである、と定義しています。所属意識は、成功、関与、幸福を促進するテコです。60ページの自己評価にあるように、「所属している」という感覚を高める方法はいくつもあります。所属意識は促進されることもあれば、害されることもあります。

もう少し個人的に考えてみましょう。あなたの人生の中で、自分の居場所がないと感じた学習経験について思い出してみてください。どんな考えや行動をしていましたか？　次に、あなたの学習人生の中で、自分の居場所があ

> 教育者が安全な学習空間を育み、生徒と健全な成長を促す関係を築き、信頼性を維持し、生徒の主体性を構築することで、驚くべきことが起こります。

尊重の基盤　57

ると感じた時を考えてみてください。あなたの考えや行動は違っていましたか？　そのような学習経験から得た成果はどうでしょうか？あなたはおそらく、所属感を感じていた時の方がより多くを学び、その経験についてよりよく感じていたことに気づいたでしよう。

　所属感は先生との関係に基づくものだけではなかったことに気づいたでしょうか？　ここではまず、教師と生徒の関係に目を向けますが、所属はクラス全体にかかわるものです。所属することで、生徒は教師だけでなく仲間からも受け入れられ、注目され、サポートされます。言い換えれば、教師が作る情緒的な風土や仕組みが所属意識を生み出すのです。図表 2.1 には、ホワイティングら（Whiting et al., 2018）が所属意識に寄与すると述べた要因が含まれています。彼らはこれらの項目を検討するために探索的因子分析[1]と確認的因子分析[2]を用い、それらが次の 4 つのカテゴリーに分類され、教育者が教室や学校での居場所を作る際に考慮すべきものであると述べました。これらの項目の中には、他の項目よりも影響力が強いものもありますが、すべて、教室や学校での生徒の経験について考える際に、私たちに立ち止まるきっかけを与えてくれるものだと言います。

> 教師が作る情緒的な風土や仕組みが所属意識を生み出すのです。

　　要因 1 ：**学校への所属感**、つまり生徒が学校で快適に過ごし、
　　　　　受け入れられ、好かれていると感じること。
　　要因 2 ：**被拒絶感**、あるいは自分という人間は評価されないと
　　　　　いう思い込み。〔逆転項目：所属感に負の影響力がある〕
　　要因 3 ：**教師とのつながり**、または生徒が経験する学校の大人
　　　　　たちとの関係性。
　　要因 4 ：**学校への忠誠心**、つまり生徒が所属する学校を支持す
　　　　　る気持ち。

図表 2.1　生徒の所属感を測る

私は自分が（学校名）の真の一部だと感じている。

私が何かをうまくできた時は、周りの人たちは気づいてくれる。

私のような人間がここで受け入れられるのは難しい。

この学校の他の生徒たちは、私の意見を真剣に受け止めてくれる。

この学校では、ほとんどの先生が私に興味を持ってくれている。

時々、自分の居場所がここにないように感じることがある。

この学校には、何か問題があれば相談できる先生や大人が少なくとも1人はいる。

この学校の人たちは私に友好的である。

ここの先生たちは私のような人間には興味がない。

私はこの学校でたくさんの活動に参加している。

私は他の生徒と同じように尊重されている。

私は、他の生徒とはまったく違うと感じている。

この学校では本当に自分らしくいられる。

この学校の先生たちは私を尊重してくれる。

この学校の人たちは、私がいい仕事ができることを知っている。

他の学校だったらよかったのにと思っている。

（学校名）に所属していることに誇りを感じている。

この学校の他の生徒たちは、ありのままの私を好きでいてくれる。

私は（学校名）の人たちに忠誠を感じている。

私は（学校名）に属している気がする。

私は（学校名）を改善するために、他の人たちと一緒に何かに取り組みたいと思っている。

私は（学校名）の他の人たちと自分が似ていると思いたい。

（学校名）の人たちは、私が欠席すると気にかけてくれる。

私は（学校名）で他の生徒とうまくやっている。

尊重の基盤　　59

私は（学校名）の活動に参加している。

私は（学校名）に居場所がないと感じる。

（学校名）は私にとって居心地のよい場所である。

（学校名）では、自分が人々にとって重要な存在であると感じる。

学校にいる時は、みんな私の話をよく聞いてくれる。

出典：Whiting et al. (2018)

自己評価

指示：現在の教室環境を振り返ってください。何がしっかりできていますか。何を強化したいですか？

状態	できている	一部できている	できていない
高い期待とすべての生徒が成功できるという信念を伝える。			
（生徒が教えてくれるなら）名前と発音を覚えて、使用する。			
定期的なアイスブレイク、小グループでの活動、協働思考などを通して、クラス内の信頼関係を築く。			
授業中の交流に関するガイドラインや共同体の取り決めを作成する。			
生徒の事前知識を評価し、生徒の長所やニーズに合わせた指導を行う。			
生徒のウェルビーイングへの気遣いを伝え、学校のリソース（スポーツ、カウンセリング、芸術、クラブなど）に関する情報を共有する。			

状態	できている	一部できている	できていない
生産的な試行錯誤を可能にする（例えば、簡単な小テスト、下書きができる、模範解答を示す、興味深い生産的な誤答についての議論などを通して）。リスク、困難、失敗は、あらゆる学習プロセス／もしくは科学的手法の重要な一部となりうることを強調する。			
すでに疎外感を経験している生徒を一括りにして排除するような一般化した表現は、意図的に避ける。このような一般化は、生徒の身体的能力、家族構成、社会的アイデンティティ、市民権の状態、経済的手段などを暗黙の前提にした言い回しでしばしば伝えられる。			
欠席、遅刻、早退などを生徒が行う必要がある場合に明確な手順を示す方針を作る。			
専門分野に多様な貢献者がいることを強調する（担当する著者、取り上げる研究、生徒のために招待するゲストなどを通して）。そして／またなぜこの分野を学ぶ機会が限られているのかについての歴史的理由や、変えようとする現在の努力について話し合いを促進する。			
可能であれば、多様性を活用し、代表的でないアイデンティティを持つ生徒を孤立させないようにグループ／チームを作るため、生徒を割り当てたり、基準を設けたりする。			

尊重の基盤　　61

状態	できている	一部できている	できていない
グループワークの最初に、生徒がそれぞれの長所、個人的な学習目標、期待される貢献などについて話し合うプロセスを作る。			
生徒が学習環境についてフィードバックし、改善策を共有する機会を意図的に設ける。この評価には、短い匿名の投書、授業のはじめのチェックイン、またはより実質的な書面によるフィードバックの機会を含めることができる。			

生徒のクラスへの所属意識を高めるために、他にどのような方法がありますか？
他に何ができますか？　次のステップは？

今週は、生徒の所属感を促進するために、より包括的なものにするために何ができるでしょう？

出典：Iowa State University, Center for Excellence in Learning and Teaching (2021) より引用。
https://www.celt.iastate.edu/wp-content/uploads/2021/07/sense-of-belonging-practices.
pdf

教師の信頼性

　教師と生徒の関係の重要性については、今後もほぼすべてのモジュールで述べていきます。修復的実践は、人間関係の発展、維持、修復のうえに成り立っています。教師と生徒は、健全で良好な人間関係を築くべきです。教師と生徒の関係は、教室で働く、より大きなシステムの一部であり、教師の信頼性に直結します。質問はこうです：生徒はあなたから学べると信じていますか？　答えがイエスなら、生徒たちはもっとたくさん学ぶでしよう。答えがイエスなら、生徒たちはクラスの合意に沿った行動を取る可能性が高くなります。教師の信頼性とは、存在する人間関係以上のものであり、具体的には、信頼、能力、ダイナミズムや情熱、即時性や知覚される親密さなどが含まれます。

信頼

　生徒たちは、教師が自分たちを1人の人間として本当に大切に思っていて、学業面でも社会面でも最善の関心を持ってくれていることを知る必要があります。生徒はまた、教師が約束を守り、信頼できることを知りたがっています。以下は、信頼に関するいくつかのポイントです。

1. 約束をしたのなら、それを守るように努力します（あるいは守れなかった理由を説明します）。
2. 生徒には、彼らの成績について真実を伝えます（生徒たちは、自分の成績が標準以下であることを知っており、なぜあなたがそれを否定するのか不思議に思っています）。
3. 生徒の悪いところをあげつらおうと、すべての時間を費やしてはいけません（ただし、生徒の行動があなた個人に与える影

尊重の基盤　　63

響については正直に話すこと)。

4. 特定の生徒に対して抱いている否定的な感情を検討します（そうしないと、生徒はその感情を察知し、教室内の信頼関係を損ないます）。

コンピテンス

信頼に加え、生徒は教師が教科のことをよく理解していて、それをどのように教えるかを知っていることを望んでいます。生徒たちは、適切なレベルの専門知識と正確さを教師に期待しています。さらに生徒たちは、教師が首尾一貫し、組織化された指導を行う技量によって能力を測ります。授業がテンポよく進み、情報が正確であることを期待しています。

> 生徒はあなたから学べると
> 信じていますか？
> 答えがイエスなら、生徒たちは
> もっとたくさん学ぶでしょう。

1. 内容をよく理解し、わからないことがあったら正直に話しましょう（これには事前の計画が必要です）。
2. まとまりのある一貫した授業を提供します。
3. 生徒と話す時の手の位置や表情など、能力を伝える非言語的な行動について考えてみましょう（生徒は、彼らが話す時に防御的な姿勢を取られていることや、自分が評価されていないことを示す非言語的なサインに気づいています）。

ダイナミズム（内に秘めたエネルギー・力強さ）

教師の信頼性のこの側面は、教師が教室とその内容にもたらす情熱に焦点を当てています。つまり、自分の教科と生徒に対する熱意を伝える能力です。そして、生徒の興味を引くような活気ある授業を展開することです。ダイナミズムを向上させるには：

64

1. **教師自身が学生時代に熱中した側面に焦点を当てることで、教える内容に対する情熱を再燃させましょう。**なぜ教師になりたかったのか、生徒に紹介したかった内容を思い出してください。「はじめに」のこのテーマ（p.23）についてのあなたの考えをもう一度振り返ってください。そして、あなたが教育者になった理由を生徒が知っているかどうかを尋ねてみましょう。生徒たちは、教師がその内容に退屈している時や、教師がそのトピックにあまり興味を持っていないと、それに気づきます。教師のモットーは、「内容を面白くする！」であるべきだと考えます。

2. **授業の関連性を考えましょう。**その内容は、教室の外での応用に適していますか。生徒が自分自身や問題解決について学ぶ機会がありますか。その内容は、生徒が市民意識を持ち、学校や近隣のコミュニティに参加するのに役立ちますか。普遍的な人間性と結びついていますか。倫理的な問題に取り組むよう生徒に求めますか。関連性がない場合、生徒たちは熱心な学習者ではなく、従順な学習者に成り下がってしまいます。

3. **信頼できる同僚に、自分の授業についてフィードバックを求めましょう。**同僚に授業に同席してもらい、あなたが使う個々の指導法よりも、あなたがもたらすエネルギーや生徒の態度に与える影響に注目してもらいましょう。最初は興味がないと思っていたとしても、生徒はレッスンの情熱やエネルギーに反応します。

生徒の主体性とは、部分的には、努力と結果が関連していることを認識することです。

ワンバーグ（Wangberg, 1996）は、「最高の教師とは、自分のテーマに情熱を持ち、そのテー

尊重の基盤　　65

マを他の人々と分かち合うことに情熱を持つ人々である」（p.199）
と指摘しています。

即時性

　教師の信頼性を構成する最後の要素は、生徒が認識するアクセ
シビリティ〔利用しやすさ〕と親近感に焦点を当てます。即時性とい
う概念は、社会心理学者のアルバート・メラビアンによって紹介
されました（Mehrabian, 1971）。彼は、「人は自分が好きだと感じた
り、高く評価し、好ましいと感じたりした人や物事に引き寄せられ
る。逆に自分が嫌いだと感じたり、否定的に評価し、好まないと感
じた人や物事は避けたり、そこから遠ざかったりする」（p.1）と指
摘しています。部屋の中を動き回り、接しやすい教師は、生徒の即
時性の知覚を高めます。

　教師は身近な存在でなければなりませんが、生徒の学習があなた
にとって重要であることを伝える緊迫感が必要です。

1. 生徒一人ひとりについて、個人的なことを知ること。あな
   たが生徒の名前やその人について何も知らない時、生徒た
   ちはそのことに気づきます。
2. 緊急性を持って教えるが、生徒に過度のストレスを与え
   ないようにします。つまり、生徒は自分の学習は重要であ
   り、あなたが嫌々教えているのではないことを知りたがっ
   ています。
3. 時間どおりに授業を始め、1分1秒を大切に使います。つ
   まり、出席を取るなどのいつもの活動に取り組んでいる間
   に生徒がこなせる課題を用意し、授業時間が短くなった時
   には一連の隙間活動が用意されていることを意味します。
   生徒たちは、無駄な時間があるとそれに気づきます。そし

て、「自由時間」があると、自分の学習は教師にとって緊急の課題ではないと考えるのです。

生徒があなたを身近に感じるようにするためにできる一般的なこととして、以下の例を考えてみましょう。

- 話す時にジェスチャーをする。
- 生徒を見て、笑顔で話す。
- 生徒を名前で呼ぶ。
- クラスを指す時は「私たちは」と「私たちに」を使う。
- 生徒にフィードバックを求める。
- クラスで話す時は、声のバリエーション（間、抑揚、ストレス、強調）を使う。

教師の信頼性に関するあなたの経験について、以下の質問を考えてみてください。生徒から信頼されるようにするにはどうすればよいですか？

1. 私は生徒とどのように信頼関係を築いてきたか？

2. 生徒にコンピテンスを示すには？

3. 自分のダイナミズムを生徒に示すには？

尊重の基盤　　67

4. 生徒が私を身近に感じてくれるようにするには？

5. 信頼性を高め、維持するための次のステップは？

生徒の主体性を育てる

　主体性は、学習をポジティブに捉えるために中心的な役割を果たしました。OECD〔経済協力開発機構〕が述べているように、「生徒の主体性についての 2030 年に向けた目標は、生徒が自分自身の生活や自分を取り巻く世界に積極的に影響を与える能力と意志を持っているという信念に根ざしています。生徒の主体性とは、目標を設定し、内省し、変化をもたらすために責任を持って行動する能力と定義されます」（OECD, 日付不明）。

　生徒の主体性とは、部分的には、努力と結果が関連していることを認識することです。主体性の低い生徒は、学習は自分にたまたま起こるものであり、何かを学べないのは教師の不手際か自分の特性のせいだと考えています。学習における自分の役割に気づいていません。生徒の主体性は多面的であり、指導、課題設計、動機づけ、評価、学習習慣の育成などのアプローチによって育まれます。学校における生徒の主体性に関する研究では、自己効力感、関心の追求、努力する忍耐、統制の所在、マスタリー志向[3]、メタ認知、自己調整、未来志向の 8 つの次元が特定されています（Zeiseret et al., 2018）。

　生徒の主体性については、他の本（Fisher et al., 2021 など）でも取り上げているので、ここでは特に行動に関して、努力と結果を結びつけることに話を限定します。生徒の主体性を高めるには、私たちが生徒に使う言葉を変える必要があります。成功は生徒の努力の賜物です。生徒がしたことと、その結果起こったよいことを、具体的かつ意図的に結びつけるのです。これは、尊重の基盤の一部であり、生徒たちは、自分たちの行動が重要であることを知る必要があります。生徒は、努力すれば変化が生じるということを知る必要があります。時には、小さな成功に焦点を当てる必要がある生徒もいます。最初から丸一日完璧な行動を期待するのは無理があるかもしれませんが、努力と結果を認める習慣をつけることで、生徒のスタミナをつけることができます。

　以下の、アリの先生が会話で使った言葉に注目してください。彼らは３年生の教室の後ろに座っています。他の生徒たちはプロジェクトに取り組んでいます。ジェレミー・ブラウン先生はまずアリに挨拶をします。

> 生徒は、努力すれば変化が生じるということを知る必要があります。

　「アリ、2、3 分話をさせて。いくつか気づいたことがあるので話したいんだ。まず、エリスにイラついていた時、あなたが深呼吸をしていることに気づいた。そして、エリスにどうしてほしいかを伝えることができたね。うまくやれてきっといい気持ちだろうね」。

　アリはこう答えます。「ああ、俺は怒ってた。でも悪いことはしていない。作戦を実行したんだ」。

　ブラウン先生：「たしかにそうだね。本当にうまくいったと思う。もう１つ気づいたのは、あなたはミスをしたけど気にしなかったということだ。あなたはイライラしなかった。あなたはミスをし

たと言って、人に助けを求めた。ミスは私たちが学ぶのを助けてくれるから、私がどれだけミスが好きか知っているでしょう？　あなたはそれをやった。あなたはミスをして、さらに多くを学んだ。アリ、それに少し気が散った時に、いくつかのツールを使ったことにも私は気づいたよ。そしてそれもうまくいっているように見えた。どう思う？」。

　アリ：「たしかに。今日の授業はよかったし、そんなに難しくなかった。ただ、自分の戦略を思い出すだけでよかったんだ。それを思い出させてくれる友達もここにはいる。でも今日は1人でできたから、友達は必要なかった」。

　この短いやりとりの中で、ブラウン先生はアリが成功した理由を、取った行動と決断に焦点づけています。ブラウン先生はまた、アリにそれらの成功と、その成功を生み出すために彼らが考えた具体的な戦略を振り返る機会を与えています。

意図的に生徒の主体性を育てる

　招待型授業[4]とは、意図的な授業です。自己調整〔自己制御〕と学業での成功に不可欠な要素である生徒の主体性を育むには、以下の5つの要素を実践に取り組むことです。これらは、アメリカの研究機構が4つの高校と共同で行った2年間の研究から導き出されたものです。

関係性：生徒と教師の良好な関係は、生徒の学習意欲を促進し、単に生徒と楽しく接する以上のものです。生徒との絆を築くことで、生徒が自分自身や他者、そして学習を大切にするように促します。

70

フィードバック：学習に影響を与え、加速させるものとしてよく知られていますが、フィードバックの研究はしばしば誤解されています。フィードバックの効果量[5]は0.62であり、それが学問的、社会的な目的であろうが、行動的な目的であろうが、フィードバックは学習の一部として確立しています（www.visiblelearningmetax.com）。何が誤解されているのでしょう？　それは、影響を与えるのはフィードバックをどう受け取ったかであり、何を伝えたかではないということです。フィードバックの発信源が信用できず、関係性が薄い場合には、フィードバックは無視されます。きちんと作用するフィードバックこそが、ゲームチェンジャー〔動向を大きく変える出来事〕なのです。

目標設定：目標の設定とモニタリングを組み合わせたフィードバックは、特に強力です。深い動機づけと目標志向を持つ生徒は、習得を求め、より高度な努力を惜しみません。このような動機づけは0.57の効果量があり、学習を加速させます（Hattie, 日付不明：www.visiblelearningmetax.com）。そのため、生徒と目標について話し合うことを奨励しています。

個人面談：定期的に生徒と会い、学習について話し合います。目標は、生徒がメタ認知的、つまり反省的に考えるように促すことです。しばしば「思考について考える」と表現されるメタ認知は、学校教育の最初の数年間で発達し、生涯にわたって継続します。ブラウン先生がアリと行った個人面談のように、こうした面談は彼らの努力を結果に結びつける理想的な機会なのです。

生徒の声：自分の学習や教室について選択したり決定したりする機会が少ないと、主体性は育ちません。ボーンら（Vaughn et al.,

2020) は、強い主体性を持つ小学生は、「先生は、何をするか決めるために私たちに意見を求める」、「私たちは自分の考えを共有し、先生はそれに基づいて行動する」という質問項目に肯定的な回答をしていることを発見しました。

個人的振り返り

主体性について教え、主体性を発揮する機会を作ることに関連した現在の実践を振り返るために、信号機の目盛りを使ってください〔左が赤、右が青のグラデーションと捉え、右にいけばいくほど強化したいということになる〕。どの分野を強化したいですか？

生徒と教師の協働	
人間関係を築く。教師は生徒と個人的な関係を築き、生徒の長所、ニーズ、動機づけをよりよく理解する。	
フィードバック。教師は生徒にフィードバックを提供し、生徒がフィードバックを求めるプロセスを支援する。	
目標設定。教師は、生徒の主体性を育てる一方、コースワークを完遂するための目標設定を助ける。	
個人面談。教師は生徒と1対1の面談を行い、生徒の主体性の要素と学業との関係について話し合う。	
生徒の声。教師は、教室での重要な決定に関与し、フィードバックを行う機会を提供する。	

出典：Zeiser et al. (2018)

所属と主体性の文化を毎日のかかわりに織り込む

　学校の文化は、校内の行動によって築かれます。学校の雰囲気とは、学校にいる時にどう感じるかです。生徒が所属の文化を感じ、主体性を育むためには、日々の実践だけでなく、学年の重要な節目で何をするかを考えることが重要です。

　所属について最初に考えるべき節目は、学年度や新学期の始まりです。登校初日、生徒がキャンパスに足を踏み入れた瞬間、どのように生徒を迎え、特別な気持ちにさせるかを考えてみましょう。生徒が校舎や校庭に入る時、風船や音楽を用意し、歓迎委員会の先生やスタッフが表に出て挨拶や出迎えをするでしょうか。ドアの前にVIPサインを掲げ、生徒が初めて自分の教室に入ってくる時、一人ひとりに個人的に挨拶をしていますか？

　生徒の所属意識を高めるもう1つの方法は、年間を通してチーム作りの活動に時間を費やすことです。目標は、生徒が自分のクラスだけでなく、学校全体の一員であること、つまり自分自身よりも大きなものの一部であることを感じるようにすることです。このような活動は新学期の最初の週によく行われますが、単発的な活動として認識されると、すぐに忘れ去られてしまいます。年間を通して、チーム作りを行う日を決めましょう。

> 学校の文化は、
> 校内の行動によって築かれます。
> 学校の雰囲気とは、
> 学校にいる時にどう感じるかです。

　生徒の所属意識を高めるための2つ目の節目は、生徒が欠席からの復帰や遅刻をどのように経験するかを考えることです。このようなことは学年を通じて頻繁に起こりますが、その都度、生徒の学校／教室コミュニティへの所属意識を再構築する重要な機会です。例えば、生徒が遅刻してきた場合、最初に会うスタッフは、

「会えて嬉しいよ！　今朝はどうだった？　今日遅刻した理由は何だった？」と生徒を温かく建物に招き入れることで、むしろ話し合いの機会ができます。多くの生徒（特に年少の子ども）にとって、遅刻はどうしようもないことかもしれません。さらに、「昨日あなたが欠席で見逃したものはこれです」ではなく、「会いたかったよ。戻ってきてくれて嬉しいです！　私たちの教室は、あなたなしでは変わってしまいます。あなたがスピードアップできるよう、後で少し話す計画を立てましょう」といった、生徒が教室に戻ってきたことを歓迎するような言葉を使いましょう。

　3つ目の節目は、生徒が教室や学校で主体性を持てるようにするときです。これは、生徒の主体性をより広く育むための意図的な投資です。学校に関する生徒の意思決定は重要です。生徒をエンパワー〔力を与える、自信を持たせる〕するためには、結果的に生徒とどのようにパートナーシップを組むかについて、考え方を転換する必要があるかもしれません。最初のステップは、生徒の現状を把握することです。学校におけるエンパワーは、生徒が現在、学校や地域社会の問題にどのようにかかわっているかをリスト化することから始めます。日中よりも放課後の方が、地域社会のエンパワーのレベルが高いことがわかるかもしれません。リストを挙げることができたら、有意義な関与の度合いに基づいてそれぞれを評価します。図表2.2に、生徒の学校への関与を高めるために考えられる方法のリストを示します。

ジレンマ：第2幕

　生徒の名前を呼ぶことは、年度はじめの重要な部分です。生徒の名前を正しく発音する方法を学ぶことに時間を割かなければ、私たちは生徒を見ていない、生徒のことを本当は知りたくない、生徒

図表 2.2　生徒をエンパワーする機会

小学校

- 学校改善委員会への参加
- 生徒の興味を反映した共同カリキュラムユニット
- 生徒主導の家族会議
- 生徒のクラス自治（クラス会など）
- フロントオフィス、図書室、安全パトロール、学校大使など
  の生徒の仕事
- 市民参加問題に関する生徒主導の署名運動

中学校

- すべての学校委員会への参加
- 共同授業
- 全校フォーラムの共同設計と実施
- 学校コミュニティのためのサービス・ラーニング
- 生徒から提出された学校改善委員会の議題

高校

- 予算委員会を含む地区委員会への生徒代表
- コース設計を一緒に行う
- 専門研修への参加
- 専門家コミュニティへの参加
- 教師と学校リーダー採用チームへの参加
- 学校と地域問題に関する全校フォーラムの設計と実施
- 生徒主導の教育会議

出典：Fletcher (2005)

尊重の基盤　　75

の居場所はない、というメッセージを送ることになります。クラーク先生の教室を考えてみましょう。クラーク先生は、教室に所属意識を持たせるために、活動の準備に多くの時間を費やしました。しかし、アルンダティの名前を正しく発音するという点では、クラーク先生は自分の恥ずかしさや不快感が邪魔をして、生徒のアイデンティティを大切にすることができませんでした。

目標は、生徒が自分のクラスだけでなく、学校全体の一員であること、つまり自分自身よりも大きなものの一部であることを感じるようにすることです。

クラーク先生はその後の1週間で、"ドッティー"がこの名前を気に入っていないことに気づきました。彼女は、アルンダティの姉スバラクシュミを担任する同僚のサンダース先生と話します。サンダース先生は、少女たちの名前が自分たちにとって馴染みのないものであったため〔発音を学ぶことは〕チャレンジだったものの、他の場所では一般的な名前であり、彼女たちの文化的、個人的アイデンティティの重要な一部であることに同意しました。彼はスバラクシュミにフィードバックを求めることで、どのように発音を改善していったかを話してくれました。

クラーク先生は彼のアドバイスを受け、翌日、アルンダティと話します。「ワオ！ ユニークで特別な名前ね。もっと詳しく知りたかったのよ。そして、それが『太陽の光』という意味だと知ったとき、私の心の中に本当に美しい絵が浮かんだの。私のファーストネームはドーンで、これも太陽の意味を持っているの」と彼女は言いました。「あなたの名前の由来を知っている？」。

アルンダティは喜び、インドの文化では、両親が占星術師と会って子どもの名前の音の始まりを考え、その音で始まる名前の中から選ぶのが伝統的なのだと話します。

クラーク先生は、「知らなかった。そして、言いにくかったこと

76

を理由にニックネームで呼んだことを謝らせてほしい。正直に言うと、私は今でもそれを正しく言うのに苦労してるの。でも、正しく言えるようになることが大事だから、練習を続けると約束する。今後、言い間違いを聞いたら、訂正してね」と言います。

年齢以上に賢明なアルンダティは言います。「それこそがよい教師がすることですね。教師は、人々が学ぶのを助けるんです」。

 事例

アバディ家は軍人一家です。彼らは新しい地域に赴任したばかりで、3人の子どもたちを地元の公立学校に入学させました。長男のカリルは中学生です。父親が軍人であるため、彼は"転校生"であることに慣れています。しかし、学校で"転校生"であり、"イスラム教徒の子ども"であることは、彼にとってしばしばつらいことです。特に年度の真ん中であり、社会的な派閥がもう確立されていることを知っているからです。

初日、スケジュール表をもらいに事務室に入ると、校長と、同じ学年の生徒2人が自分を待っているのを見て、カリルは驚きました。自己紹介をした後、校長先生がカリルに、この生徒たちが自分のクラスの場所や校内の主な共有スペースを案内してくれると言います。カリルが見学から戻ると、校長は「3時間目の授業（彼が参加する授業ではないが、同じ科目）に彼を連れて行き、教室の後ろに座って授業の進め方を観察し、メモを取るように」と言います。4時間目の授業も同じようにするようにと。校長は、授業が終わったら校長室に戻り、観察したこと、特に前の学校とどこが違うのか、また何が同じ

学校に関する
生徒の意思決定は重要です。

だったかを共有してほしいと説明します。

　昼休み、カリルは何人かの教師と一緒に食事する機会を得ます。彼はまだ授業に出ていないので、初めて会う人ばかりです。大人たちと一緒に座るのは少し気が引けますが、リラックスした雰囲気の中で全員と会い、お互いを知る時間を持つのはよい経験です。

　放課後、カリルの母親が彼を迎えに行くと、彼は学校がどんなに素晴らしいか、次の日がどんなに楽しみかを話し始めます。母親は、彼がどれほど興奮しているかに驚いています。

> カリルが新入生として歓迎されていると感じるために、学校はどのような取り組みをしましたか？　改善できる点はありますか？

推奨と意味

　一般的な推奨事項を表にまとめました。このモジュールがあなたにとって刺激となった、あなた自身の現場特有の意味合いや質問を追加してください。

	一般的推奨	現場特有の意味と疑問
全校	学校における生徒の所属意識と主体性の現在のレベルを測る。どのような取り組みが、このような成果を支え、あるいは妨げているのか。	
リーダー	教室でどのように所属意識と主体性を育んでいるかを教師から学び、スタッフとともにアイデアを出し合う。	
教師	自分が生徒からどのように信頼されているかを調べ、強みのある分野と成長の機会を見出す。	
生徒	生徒たちに主体性について教え、それを教室での活動やプロセスに結びつける。	
家族とコミュニティ	家族や地域のリーダーを招き、学校への所属意識について話し合い、改善策を求める。	

振り返り

　モジュールの最初に書いてある達成基準について振り返りましょう。自分自身に尋ねましょう。これらのことが今できますか？　以下に感想を書いてみてください。

自分の練習が成功の基盤に貢献していると評価できますか？	
生徒との信頼関係を築き、確立するための努力を振り返ることができますか？	
自分の教室や学校における生徒の主体性の機会を分析できますか？	

訳注

1　多数の変数に共通する少数の潜在的因子を特定し、それらの因子を使ってデータを説明する分析手法。

2　事前に設定した因子構造が観測データに適合するかどうかを統計的に検証する手法。

3　学習の動機づけ理論において、課題達成において運に頼らず、自分を信じ、努力するというマインドセット。成功するたびに自己効力感が大きくなっていく。

4 招待理論に基づく教え方。招待理論とは、学習者が教育的な経験に積極的に参加したり招待されたりすると、学習が促進されるとするもの。招待型授業は、4つの原則（信頼、尊重、楽観主義、意図性）と5つの柱（人、場所、方針、プログラム、プロセス）に基づいて構築される。

5 効果量とは、統計的に有意差が見られる場合に、その差が実際にどれほどの大きさや意味を持っているかを判断するために使う数値。分析方法によって効果量の目安も異なるが、小さい効果（0.10 ～ 0.20）、中程度の効果（0.30 ～ 0.40）、大きい効果（0.50 ～ 0.80）である。詳細は EffectSize_KELES31.pdf（mizumot.com）参照。

MODULE 3

期待を設定し、能動的参加のための教育を行う

信念の表明

生徒たちは、学習環境で期待されることが何かを理解すると、合意したことに沿った意思決定と行動をする可能性が高くなります。

ジレンマ

　リサ・パットンは新しい生徒たちに会うのを楽しみにしていました。学期のはじめはいつもわくわくする時間で、パットン先生は一年のはじめに、受け持ちの小学2年生に期待することを明確にしておきたいと思っていました。パットン先生は教室内のルールのリストを書いたポスターを教材販売店で購入しました。そのポスターには、具体的なもの（例：話す前に手を挙げましょう）や、全般的なもの（例：みんなで全力を尽くしましょう！）といったものが含まれていました。また、クリップチャートも用意し、電子黒板の左側に戦略的に配置しました。

　初日に、パットン先生はクラスにルールを説明し、ノートに貼るためのコピーを配りました。生徒たちには、ルールを守っている時と守っていない時の例を挙げるように言いました。そしてクリップチャートを見せ、教室内での行動に応じてこのチャートに沿ってクリップが上がったり下がったりすることを伝えました。もしチャートの一番下にずっといるようなことがあれば、親や家族に連絡することになっています。

　その日のうちに、マリとジェイミーはたくさん私語をし、止まらないことがありました。パットン先生は授業をやめ、両方の生徒に、前に出てきて自分たちのクリップを一番下に動かすように言い、さらに夜、彼らの家族に連絡すると言いました。ジェイミーは泣き出しましたが、ボードまで行ってクリップを動かしました。マリは席を立つことを拒否しました。

　このような状況を防ぐために、教室でのルール設定や守らない時の手順を設定する別の方法はありますか？

よくある誤解

　「期待する学業レベルに達することに厳格であろうとすることは、修復的実践の敵でしょうか？」。この疑問は、カリキュラムと教育に関する地区ディレクターからされた質問であり、彼は修復的実践に期待される実践を行うと、高い期待を示して成績を上げる既存の指導方法をダメにしないかと葛藤していました。そのディレクターの迷いは、先ほど読んだような先生のジレンマにも反映されています。パットン先生は自分が生徒たちに高い期待を持っていることを示したいと思っていますよね？　このモジュールをより深める前に、いくつかの誤解について対処しておきたいと思います。

誤解1：修復的実践はほとんどが社会的−情緒的学習の側面に限定されています。それらは学問的な学習には役に立ちません。

事実：生徒の社会的−情緒的スキルは学問的な学習に直接影響を与えます。動機づけ、自己統制、向社会的スキル、問題解決、明確なコミュニケーションなどの非認知スキルが生徒の学習に影響を与えることはよく知られています。

誤解2：基準とカリキュラムの枠組みは、すべての生徒に対して我々が持っている期待を伝えるものです。

事実：個々の生徒に対する教師からの期待こそが、学問的な学習を予測します。これらの期待は教員の経験、偏り、そして生徒の属性に応じて様々なものにもなります。また、これらの期待は生徒の行動によっても影響を受けます。生徒の社会的・行動的スキルを伸ばすことは、多くの学習内容にアクセスさせ、高度な指導に応えさせるでしょう。

誤解3：生徒の能動的参加は学習にとって不可欠であり、そのためには、教室を適切に管理する教師の強いコントロールが必要です。

事実：教師が強いコントロールを行う教室の生徒は、報酬が頻繁かそうでないかにかかわらず、学年が進むごとに学校が嫌いになります。そして彼らの家族と学校の関係も悪化します（Kowalski & Froiland, 2020）。

誤解4：教師はクラスのルールを確立し強化する責任があります。

事実：感情的なサポート、教室の構造化、指導上のサポートは、生徒と協働で作られた合意による実践によってよい影響を受けます。クラスの合意は、それを実現するための責任を共有することを促進します。

学習のねらい

- 私は教師の期待と生徒の学習について学びます。
- 私は能動的参加と、生徒が参加しなくなる理由について学びます。

達成基準

- 私は生徒に対する高い期待を示すための行動を知っています。
- 私は能動的参加を連続体として説明し、能動的参加について生徒に教えるための授業を作り出せます。
- 私は生徒が参加しなくなる理由を知り、学習に戻るように招き入れる活動を実践できます。
- 私はクラスの合意事項を発展させていくプロセスを実行し、必要に応じて見直すことができます。

修復的文化の学習への招待

　教室の天気を決めるのは教師だという格言があります。これは、学習に対する心理社会的環境、特に教室で受ける感情的および指導的サポートに関する生徒の認識に関する多くの研究で裏づけられています（Hamre et al., 2013）。生徒であれ、教師であれ、あなた自身の教育キャリアの中でこれと同じ現象を間違いなく経験したことがあるでしょう。すぐに魅力を感じる教室もあれば、そうでない教室もあります。物理的な環境が学習文化全般に貢献することはありますが、今ここで触れているのは、教室をどう飾るかという話ではありません。それは目に見えるものではありません——それは感覚でしょうか？　それともそれ以上の何かでしょうか？

　招待型授業の概念は、1996年にパーキーとノバックによって提唱され（Purkey & Novak, 1996）、今日まで反響を呼んでいます。彼らは以下の4つのレンズを通して招待型授業について説明しました。

- **信頼**：信頼は教師と生徒の継続的な関係として定義されます。信頼できる教室では、教師と生徒が互いに肯定的な意図を持っていると想定し、その関係を構築・維持・修復する努力をします。
- **尊重**〔リスペクト〕：この状態は、全員の自律性、アイデンティティ、学習環境〔コミュニティ〕の価値の理解を伝え合う行動を通じて促進されます。責任を共有することは非常に重要であり、教師を含む教室のメンバーは、自分自身を他者の社会的・情緒的ウェルビーイングの支援者として認識しています。
- **楽観主義**：クラスメンバーの潜在力は未開拓であり、メンバーは他のメンバーが潜在的な能力を発揮できるよう手助けする方法を見つける責任があります。楽観的な学習環境を作るうえで

教師は重要ですが、生徒も同様です。魅力的な教室では、生徒たちは仲間の学習をサポートし、自分たちが他者の学習の鍵を握っていることを理解しています。パーキーとノバックは、希望のない人生は、人が前進する能力を損なうと信じています。学校が希望を見出す場所でないなら、いったい何の役に立つというのでしょうか？

- **意図性**：学習への招待とは、教室や学校の実践、ポリシー、プロセス、そしてプログラムがすべての人にとって信頼とリスペクトと楽観主義を伝えられるように慎重に設計されていることを意味しています。

とはいえ、これらを現実に行うのは難しいかもしれません。単に「すべての子どもは学習できる」というだけのことではないからです。研究者たちは2つの条件——意図と招待——を取り上げ、4つのタイプの教師が考えられると論じました。（図表 3.1 参照）。

図表 3.1　教師の 4 つのタイプ

意図的に招待しない教師は……	意図的に招待する教師は……
生徒に批判的で、けなす。 ケアや配慮を示さない。 生徒の人生や感情に関心がない。 学校生活から孤立している。 生徒を支配しようとする。	生徒に対し一貫して安定した対応をする。 生徒が学んでいることやもがいていることに気づく。 定期的にフィードバックをする。 関係を構築・維持・修復しようとする。
意図的ではなく招待しない教師は……	意図的ではなく招待する教師は……
生徒から距離を取る。 生徒への期待値が低い。 有能と感じず、うまくいかないのを生徒のせいにする。 生徒が学んでいることやもがいていることに気づけない。 フィードバックをしない。	熱意はあるが内省しない。 エネルギッシュだが、問題に直面すると硬くなる。 自分の実践の何が、なぜうまくいっているのか理解していない。 生徒が通常の方法で抵抗を示す時の対応手段が少ない。

出典：Purkey & Novak (1996) より引用。

指示：生徒たちはそれぞれの状況にどのように反応するでしょうか？ クラスそれぞれで観察できる行動やその他のサインを挙げてみましょう。

意図的に招待しない教師の場合、生徒たちは以下のようなことをする／言うだろう……	意図的に招待する教師の場合、生徒たちは以下のようなことをする／言うだろう……
意図的ではなく招待しない教師の場合、生徒たちは以下のようなことをする／言うだろう……	意図的ではなく招待する教師の場合、生徒たちは以下のようなことをする／言うだろう……

修復的文化における高い期待とは

　教師の期待は言語的・非言語的に生徒に伝わります。あからさまな言葉に気をつけることはより簡単にコントロールできるでしょう——私たちのほとんどは、明白な失言は避けることができます（例えば「これを知らないなんてなんてバカなんだ」）。

　ババド（Babad, 1998）は教師たちが自分の実践をどう認識しているか比較する調査をしました。そこでは、教師は、苦しんでいる生徒に、より情緒的なサポートを与えていると報告したと述べられています。ルビー - デビーズ（Rubie-Davies, 2014）は、高い期待値を持つ教師に関する自身の著書の中で、これらの観察について次のように考察しています。

期待を設定し、能動的参加のための教育を行う　89

ここでは、期待値の低い生徒が否定的な情緒支援を受けたとは述べていない。それどころか、ババドは、教師は期待値の低い生徒に対して温かい情緒的サポートを示すよう努力していたと報告した。しかし態度に違いを出さないよう教師が注意していたにもかかわらず、生徒は、教師が高い期待を抱いている生徒には自然な肯定的感情を示す一方で、期待値の低い生徒に対する肯定的表現は誇張されたもので、本物のものではないと解釈していた。(pp.152-153)

　研究によると、期待値の低い生徒は、教室内での感情的サポートは偏っていて、時には期待値の高い生徒を「教師のペット」として見るような教師の態度に怒っていると結論づけられました。とすれば、教室内における生徒同士の関係性は、教師のそれぞれとの関係性に強く影響を受けているでしょう。事実、ほとんどの生徒は教師が誰を好きで誰を嫌いなのかすぐに見分けることができます。答えが心地よいものではないので、めったに尋ねないだけなのです。

教室の天気を決めるのは教師だ。

期待は、生徒をグループ分けする方法や、学習に情報を提供するための形式的なアセスメントの使用によってさえ伝わります。ルビー‐デビーズ（Rubie-Davies, 2014）は、教師の期待について何十年も研究する中で、教師が日々行う具体的な組織的意思決定と結びつけた多くの知見を出しました。特に印象的なのは、期待が計画にどのような影響を与えるか、言い換えれば、教室に足を踏み入れる前に何が起きているかということに関するものです。期待値が高い教師は、自分が教えている生徒が単に「普通に」成長するのではなく、加速度的に成長すると信じています（Rubie-Davies, 2014）。期待値の低い教師は、認知的要求の低い課題を与え、情報を何度も繰り返し、教室

のルールや決められたことをなぞることに集中し、標準より低い成果になることを受け入れています。能力の高い生徒・低い生徒が混合しているクラスでも、教室期待値の高い教師は、学習に差をつけません。すべての生徒は複雑な内容を学びます。教師から能力が低いと思われている生徒は、決められたことをなぞったり、細分化されたスキルを練習したりすることが多く、レベルの低い質問をされていることがわかっています。一方高い期待を持つ教師は、その学年レベルの目標を達成することをサポートするために設計した様々な学習課題を提供します。学習ではなく、課題に差をつけるのです。

> 私たちのほとんどは、能動的に参加することの意味を生徒に直接教えたことがないのが現実です。

自己評価：あなたは高い期待を持つ教師ですか？

指示：以下のチェックリストを使って、あなたが使っている高い期待を示す実践の頻度を見てみましょう。

教える時に、以下のような高い期待を示す実践をどの程度行っていますか？	めったにない	ときどきある	しばしばある
開かれた質問で尋ねる			
正しい答えよりも努力を褒める			
定期的に定型的なアセスメントをする			
答えが間違っていた時、質問を言い換える			
能力が混合したグループを使う			
グループを定期的に変える			
様々な仲間と課題に取り組むように励ます			

期待を設定し、能動的参加のための教育を行う

教える時に、以下のような高い期待を示す実践をどの程度行っていますか？	めったにない	ときどきある	しばしばある
様々な活動を提供する			
様々な選択肢から自分たちの活動を選べるようにする			
明確な学習のねらいと成功基準を作成する			
生徒が成功基準作成に意見を言えるようにする			
生徒に学習に関する責任を持たせる			
それぞれの生徒の性格を把握する			
生徒が興味のあることを活動に取り入れる			
学年の始まりに行う習慣と手続きを確立する			
生徒と一緒に個人目標を立てる			
SMART ゴールについて生徒に教える：Specific〔具体的〕、Measurable〔測定可能〕、Achievable〔達成可能〕、Relevant〔関連性〕、Time-based〔期限〕			
定期的に生徒と目標を確認する			
達成を動機づけ、努力、目標設定に結びつける			
能力の高低による活動の違いを最小限にする			
すべての生徒が高度な活動に参加できるようにする			
生徒の達成に関して、学習目標と結びつけた具体的な指導的フィードバックをする			
肯定的かつ積極的な行動を維持する			
すべての生徒と平等に接する			

出典：Hargraves (2018：https://theeducationhub.org.nz/high-expectations-self-assessment-checklist/)。Rubie-Davies (2014) を修正したもの。

修復的文化における能動的参加

　生徒が能動的に参加しない時、彼らの学習は危機にさらされます。手元にある情報に注意が向き、集中していない時は、学習は困難です。また生徒が能動的に参加していないと、教師は苛立つようにもなります。以前は、参加の概念は、生徒が参加するかしないかといった二項対立のようなものと考えられてきました。生徒が参加するのに失敗すると、教師は通常、生徒を懐柔しようとしたり叱ったりします。私たちのほとんどは、能動的に参加することの意味を生徒に直接教えたことがないのが現実です。以下の質問に答えてみましょう。

- 私は能動的参加の意味を直接教えてきましたか？
- 私は常に能動的参加の意図を生徒に提示していますか？
- 私は彼らの能動的参加をモニタリングするツールを持っていますか？
- 私は生徒に、授業後に彼らの能動的参加を振り返る時間を設けていますか？

　最近の研究では、能動的参加は連続的に起こると示唆されています。ベリー（Berry, 2020）は以下のことを意識した能動的参加の連続体を開発しました。

1. 能動的参加は、授業によって変化する
2. 能動的参加と動機づけと学習には関係がある

　ベリーは教師たちと協力して、より全体的かつ学習の程度を考慮した能動的参加の連続体を開発しました（図表3.2）。

図表 3.2　能動的参加の連続体

積極的　←──────────　受身的　──────────→　積極的

破壊する	避ける	撤退する	参加する	投資する	推進する
・他者の気を逸らす ・学習環境を破壊する	・課題を避ける方法を探す ・課題外の行動	・精神的に気が逸れている ・身体的にグループや課題から離れる	・割り当てられた課題を完了する ・話している人に集中する ・質問に反応する	・疑問を明確にするために自分自身や他人に問う ・学んでいることが重要なことだと感じる ・ボディランゲージで学習に関心があることを伝える	・目標を設定する ・フィードバックを求める ・自己評価をする

　　　能動的に参加していない　　　　　　　能動的に参加している

出典：Berry (2020) に修正を加えた。

　生徒は真ん中にいると受身的ですが、右もしくは左に行くほど積極的になります。言い換えると、生徒は積極的に能動的参加をしないことも、積極的に能動的参加をすることもできます。興味深いことに、右に行くほど生徒の学習の量は増えます。

　連続体の鍵は、これを生徒に教えることです。表をコピーして壁に貼るだけにしないでください。その代わりに、それぞれの概念を説明し、連続体のそれぞれのレベルの例を生徒に思い起こさせましょう。マリサ・ディアスの幼稚園のクラスでは、すべての生徒が自分たちの机の上にこの連続体の図を置いています。そして能動的

参加をモニタリングするために、授業中に動かすことができる小さなトークン〔しるし〕も持っています。5歳のヘクターは言います。「今日、質問した時、僕はここ（投資する）にいたよ。ちゃんと自分の課題をすることに集中できていたんだ。勉強している時に友達を煩わせたくないからね」。

リック・マーシャルの生物学のクラスでは、生徒は連続体のそれぞれのレベルを定義して、授業を始める前に毎日その強度を設定していました。マーシャル先生の生徒は、毎日、下校前に書く書類の一部として、証拠を示しながらその日の能動的参加のレベルを振り返ります。ナイマは言います。「今日私は『参加する』ことを目標にしました。あまり実感はありませんが、これは重要なことだし、弁論エッセイを書く必要があることはわかっていたので、『参加する』にしたんです。でもその後、動物実験について話しているうちにとても面白くなってきて、『投資する』に移りました。たくさん質問し始めて、自分が能動的に参加していることがわかりました。根拠としては、3回質問したことと、本当に集中していたからです。すべての時間、学んでいました」。

もちろん、生徒が参加していなかったことを認識している時もあります。6年生のケイラは言います。「私は『避ける』でした。いろいろなことがあって気が散っていたんです。でも他の人に影響しないようにしていました」。ケイラの先生は、これについて振り返ります。「彼女がどこにいたのか教えてくれて感謝しています。もし私が少しだけでも彼女の位置を動かすことができたら、『撤退する』に移ってもらうことができて、『参加する』になるのもそう遠くはないでしょう。これを知ることで私の不満が解消されれば、私自身と私の生徒たちの目標設定ができます。そうすれ

> 連続体の鍵は、これを生徒に教えることです。

期待を設定し、能動的参加のための教育を行う　　95

ば、私たちの間でそれほど大きな争いもなくなるでしょう」。

能動的参加の連続体について把握したところで、このセクションの最初に考えた質問に立ち戻りましょう。今回は、あなたができることをメモしてみてください。

私は能動的参加の意味を直接教えてきましたか？	
私は常に能動的参加の意図を生徒に提示していますか？	
私は彼らの能動的参加をモニタリングするツールを持っていますか？	
私は生徒に、授業後に彼らの能動的参加を振り返る時間を設けていますか？	

学習についての認知的課題を克服する

ケイラが述べたように、生徒が能動的参加をしないことを選択する時はあります。チュウとサービン（Chew & Cerbin, 2020）は、生徒が能動的に参加しなくなる9つの認知的理由を述べました。これらの理由を理解すると、特定の生徒がなぜ能動的に参加しないのか

を知ることができ、その生徒が再び能動的に参加するための行動を
取ることができます。それは力を与えてくれます。学習に対するこ
れらの認知的課題を検討する際には、それらが子どもや若者にだけ
適用されるわけではないことに注意してください。学習環境や、そ
れらがどんな場合にあなたに当てはまりそうかも考えてください。

1. **精神的なマインドセット**〔無意識の思考パターンや固定化され
   た考え方〕：その生徒は生産的ではないマインドセットで学
   習に取り組んでいます。それはスキルについての思い込み
   （例：僕は作文が苦手だ）、失敗の予想（例：前に算数で落第した
   から今回も同じだろう）、または学習との関連性が欠けている
   などの可能性があります。

2. **メタ認知と自己統制**：その生徒は、モニタリングや質問、
   反省などのメタ認知スキルをまだ身につけておらず、それ
   が学習への非参加を引き起こしています。もしくはその生
   徒は集中力、注意集中の向きを変える力、忍耐力などの強
   い自己統制スキルをまだ示していません。

3. **恐怖と不信感**：感情的なフィルターが増加すると、学習は
   減少します。それは、いじめ、トラウマ、逆境的小児期体
   験、教師は不公平だといった信念などによるものかもし
   れません。いずれにせよ、教師－生徒間の関係性が強くな
   く、それにより学習が損なわれています。

4. **不十分な事前知識**：生徒には重要な知識が欠けており、そ
   れが新しい学習を妨げています。既知のものから新しいも
   のに移行するようにすると、学習はより簡単になります。
   十分な事前知識がないと、生徒は新しい学習をし損なう可
   能性があります。

5. **誤解**：すべての生徒は学習に影響を及ぼす誤解を持ってい

期待を設定し、能動的参加のための教育を行う　　97

ます。そして正確な情報が提示されたとしても誤解は残り続けがちです。誤解を認識してそれに対処できないと、学習は減少し、生徒は参加しない傾向があります。

6. **非効率的な学習戦略**：生徒はそれぞれ学習の戦略を持っていますが、それが機能しないことに気づくと、諦めます。生徒が課題を始めたのにやめてしまう時には、その状況で自分の学習戦略が機能しない時に何をすればいいかわからないのかもしれません。

7. **学習の応用**：その生徒はスキル、知識、内容などを持っていますが、それをどう使うのかがわかっていません。問題は適用や一般化、応用の問題なので、すでに教えた内容をもう一度教えることは効果がありません。

8. **選択的注意の制約**：マルチタスク〔複数の作業を同時進行すること〕の神話は事実です。私たちはみな、自分だけは研究結果の例外に当たると思っていますが、私たちの脳は多数の認知タスクを同時に行うのに効果的ではありません。この注意散漫は、生徒には悪気はなかったとしても、教師には生徒が参加していないように見えます。

9. **精神的努力と作業記憶の制約**：ある時点で、生徒は認知的過負荷に達します。そうなると、彼らは学習から撤退します。事実、複雑すぎる情報に集中しようとしたり情報が多すぎたりする場合、成果が減少したり、それを忘れたりすることさえありえます。

　図表3.3では、チュウとサービン（Chew & Cerbin, 2020）が述べた、9つの認知的課題への対処方法についてアイデアを示しています。おそらく個別的または協働的なその他のアイデアも出てくるかもしれません。それぞれの課題が発生していることを示す指標を認

識できるようにしていきましょう。例えば、生徒が課題に取り組み始めたけれどもやめた場合、それは非効率的な学習戦略が原因である可能性があると記載しました。生徒の非参加の様々な理由を特定していくことができるようになると、罰や不満に頼ることなく生徒を学習に再度招き入れるための行動ができます。

図表 3.3　認知的課題への反応

課題	指標	教師が取りうる行動
1. 精神的なマインドセット	・ ・ ・	・ 学習の価値と重要性を説明する（関連性） ・ 生徒の学習に対する主体性を高める ・ 心の習慣とマインドセットについて教える ・ ・
2. メタ認知と自己統制	・ ・ ・	・ 学習を振り返る課題を作る ・ 生徒に、学習する際の計画、モニタリング、そしてその修正について教える ・ 模擬テストを利用する ・ ・
3. 恐怖と不信感	・ ・ ・	・ 教師と生徒の信頼を重視する ・ 生徒の経験が成長の糧になっていると理解できるようフィードバックを再構成する ・ 学習することや失敗することが安全な雰囲気を作る ・ ・

期待を設定し、能動的参加のための教育を行う　99

課題	指標	教師が取りうる行動
4. 不十分な事前知識	・ ・ ・	・ 最初のアセスメントを利用して、生徒がすでに知っていることと知る必要があることを整理する ・ インタラクティブ動画などを使って、事前に背景知識や鍵になる言葉を知る機会を提供する ・ 生徒が知っておく必要があること・知っておくとよいことを整理しておく ・ ・
5. 誤解	・ ・ ・	・ 生徒の誤解が浮き彫りになるような事前の課題を使う ・ 特定の年齢や特定の内容分野における、よくある誤解を認識しておく ・ 生徒たちに、その考えに対する自分の反応を正当化してみるように言う ・ ・
6. 非効率的な学習戦略	・ ・ ・	・ 学習のスキルを教える ・ 思考発話法で効果的な戦略のモデルを示す ・ 間隔を空けた練習について教え、使う

100

課題	指標	教師が取りうる行動
7. 学習の応用	・ ・ ・	・ 他の学習に応用させやすいものと難しいものを含む適切な課題を計画する ・ 様々な状況におけるスキルやその概念についてモデルを示す ・ 課題の処理を含むようなフィードバックをする ・ ・
8. 選択的注意の制約	・ ・ ・	・ 生徒が何を、なぜ学んでいるか理解できるように、教師の説明を明確にする ・ 休憩と方向転換戦略を使う ・ 特にメディアに関して、マルチタスクを避けるように教える ・ ・
9. 精神的努力と作業記憶の制約	・ ・ ・	・ 情報を整理し、理解しやすい方法でまとめる ・ 視覚的と聴覚的手がかりの両方を使用する（デュアルコーディング） ・ ユニバーサル反応[1]を頻繁に使う ・ ・

MODULE 3

期待を設定し、能動的参加のための教育を行う　101

修復的文化におけるクラスの合意

　このモジュールの冒頭で、学習環境がどのように運営されるべきかについて生徒と合意しておくことの価値に触れました（Adams & Bell, 2016）。これらのクラスの合意は、時にクラスの約束とも呼ばれ、クラスメンバーと共同で作ることができます。学習に対する信念を広く反映するものとして、著者の1人であるナンシーは集団に関する一般的な考えから始めます。

　　・自分を大事にしましょう
　　・互いを大事にしましょう
　　・この場所を大事にしましょう

　これらのことから、生徒たちは自分の経験を整理するのに役立つ協定を定義し、追加することができます。例えばある高校のクラスでは、生徒が模擬テストを希望していました。彼らは成績を上げるためには練習が必要だと言いました。興味深いことに、この学校はコンピテンシー〔成果につながる行動特性・能力〕に焦点を置いた学校であり、生徒は自分の成績を改善するためにテストの再受験ややり直しが許可されていました。生徒はそのことを理解していましたが、「1回でテストに合格できなかった場合に、不合格をもらったり、次にそれをクリアしなければいけないというストレスを感じたりすることなく、自分自身を大切にしたい」と練習をしたがりました。この合意は、どうやってメンバーが扱われるべきかや、一度に1つの声を尊重することなどを含んだリストに追加されました。この例を取り上げたのは、合意は生徒によって作られたものであるものの、教師はこの合意に従ってテストを作る必要があるため、教師にとっても重要なものであることを知ってもらいたかったからです。

102

ある小学校のクラスでは、クラスの合意の1つとして以下のようなことが掲げられています。「怖くても、新しいことに挑戦しよう」。この合意に至った会話はとても興味深いものでした。クラスの生徒たちは、挑戦はしたいが、最初に失敗しても恥ずかしくないようにしたいと思っていました。生徒の1人が「前にいた学校では、誰かが難しいことに挑戦すると、クラスの他の人がその人をからかってたんだ。みんなが早くできてその人が早くできなかったら笑うんだよ」と言いました。会話が続くにつれ、教師は彼らの合意の言葉を形にしていくのを手伝い、生徒に例を出すように言いました。別の生徒が「私たちはみんな学んでいる途中なんだから、挑戦してみるべきだと思う。もし知っていたら、その人を助けることはできるけど、答えを教えたり意地悪したりはできない。だって彼らは学んでいるんだから」と生徒は言いました。

　「What Ed Said（エドが語ったこと）」というブログには、クラスの合意を作るためのコツがまとめられています（2014）。

1. 時間をかけて学習についてのあなた自身の信念を確立しましょう。それまで、始めないでください。
2. 生徒たちに何が学習の助けになり、何が学習を妨げるのか考えさせましょう。
3. 生徒が価値を置くこと、もしくは学校が重視するものから始めましょう。
4. 出発点として、生徒に学校の学習の原則を理解してもらいましょう。
5. 国際バカロレア学習プロフィール[2]などの、質に関する共通の認識をもとにしましょう。
6. ランチョンマットアクティビティを使用して、合意を決める前に個人個人が考える時間を持てるようにしましょう。

7. 学習とはどんなものか、どう聞こえるか、どう感じるかについて、子どもたちに考えてもらいましょう。

8. 時間をかけましょう。理解を深め、生徒と教師が、それは自分たち自身のものだと思えるように少しずつ合意を形成しましょう。

9. 年少の生徒には、言葉を詳しく説明するための写真や説明を含めましょう。

10. 言葉だけの標語にしてはいけません。それを実現しましょう。頻繁に合意について見直し、必要に応じて修正しましょう。

> 学習環境に対して生徒が求める合意も、過去ではなく今この現実のものを反映している必要があります。

ランチョンマットアクティビティについて馴染みがない人もいるかもしれませんが、これは生徒たちが個々人で考えるのを助けつつ、その後、小グループでアイデアを出し合い、合意に向かって活動する協働的な学習ツールです。生徒たちは3～5人のグループに分かれます。生徒それぞれの専用スペースと、合意した領域を記入するために中央にスペースを備えた1枚の紙（大きい方がよい）を使用します。自分の考えを個人のスペースに書き込み、それから何が共通点かについて会話をします。全員が自分のアイデアを分かち合い、他の人がその考えを同じように採用するかを確認していきます。この方法は小グループで議論し、その後クラスでも検討できるたくさんのアイデアが生まれます。多くの生徒は、最初からクラス全体に言うより、小グループで彼らの考えを伝えてみる方が安全と感じます。

クラスの合意は見直され、修正されるという最後の項目に気づきましたか？　これは非常に重要な点ですが、しばしば忘れ去られま

す。物事は変化し、いろいろなことが起こり、学習環境に対して生徒が求める合意も、過去ではなく今この現実のものを反映している必要があります。例えば、ある4年生の生徒たちは休み時間に起こった出来事に基づいて合意を追加したいと思っていました。彼らはグループに影響を与えた一連の出来事について議論をした後、「排除されているように見える人を包摂する」という言葉を加えました。

ジレンマ：第2幕

パットン先生は、その日の午後に3年生の生徒2人に起きたことを振り返りました。「ジェイミーはクリップを動かされることに泣いていて、マリは自分の意見に固執してクラスから心が離れてしまった。結果として、学校の初日に2人の子どもの学習を中断してしまいました。これは私が作りたかった環境ではありません」。

パットン先生は教室に修復的文化を設定することについて、以前話したことがあった他の先生に相談しました。「私は彼に何が起きたか話し、助言を求めました。彼に本当に感謝したのは、私がすべきことのリストを私に与えなかったことです。その代わり、彼は私に自分自身の思考を整理するためのいくつかの質問をしてくれました」。彼女の同僚のジャマール・ターナーが尋ねた質問は以下のようなものでした。

- 学習についてあなたの核となる信念は何ですか？（パットン先生は、「それについては本当に考えさせられました」と話していました）。
- なぜそれが正しいと思うのですか？
- 何が起こったのか、あなたの勘は何と言っていますか？

期待を設定し、能動的参加のための教育を行う　　105

・何が起こるのを一番恐れていますか？
・これだけは妥協できないということは何ですか？

　彼らは 10 分ほど話し、その後パットン先生が熟考できる時間を作りました。彼女がもう一度アドバイスを求めた時、彼女もターナー先生も、彼女自身と彼女の生徒に関する期待についてより明確にできました。ターナー先生は学校が始まった最初の週にクラスの合意について議論する時間をどうセッティングし、その話し合いを勉強や社会的活動の間にどう散らばらせて、彼と彼の 5 年生の生徒たちがお互いについて学べるようにしているかを話しました。彼は招待型授業の情報も共有してくれ、パットン先生とターナー先生は週の最後にもう一度話し合う予定を立てました。翌日パットン先生はジェイミーとマリに個別に会い、感情的な表現を用い（詳細は次のモジュールで）、クラスサークルを開きました（サークルについての詳細はモジュール 6）。「私はクラスのみんなに、この教室では私も含めて誰もが学習者であると伝えました。私はクラスの合意とは何かを話し、私たちのコミュニティがどうなってほしいかについての会話を始めました」。

　パットン先生は、これは 1 回きりの活動ではなく、1 年を通して互いに相互投資するものだと振り返りました。そして「最初の 3 か月が過ぎたらクラスの合意を見直すことについて、すでに予定表に書き込んでいます。そこから先は、また私たちで進めていきます」と言いました。

　では、次のシナリオを読んで、教師と学校に対してどのようなアドバイスができるか考えてみましょう。

106

事例

　中学校教師のマリオ・ベナビデスは、生徒たちをクラスの合意の議論に参加させています。彼は６つのクラスを持ち、それぞれが合意を作っています。しかしベナビデス先生は、すべてのクラスの合意が違うので、どれが適用されているのか忘れてしまうのではないかと不安に思っていると話しています。彼はまた、同僚の中に、クラスの合意を作っている人とそうでない人がいることも懸念しているそうです。彼は、それぞれのクラスで合意を作成することで効果を積み上げる方法よりは、学校全体での合意を作り、学校内に健康的な雰囲気を作り出すべきではないかとも考えています。

> この学校のベナビデス先生と他の先生にどんなアドバイスをしますか？

 推奨と意味

　一般的に推奨されることについて表を作ってみました。本モジュールがあなたに投げかけた、あなた自身の現場特有の意味や疑問を追加してください。

	一般的推奨	現場特有の意味と疑問
全校	高い期待と能動的参加についての科学的根拠のある実践について学ぶ。	
リーダー	教師が高く期待している行動を棚卸しし、成長の機会として自分自身の目標を設定するよう支援する。	
教師	彼らの能動的参加の定義と学習におけるその役割について生徒に教える。	
生徒	生徒に定期的に自分の能動的参加のレベルをモニターさせる。	
家族とコミュニティ	促進要因と障壁を判断するため、学校に対する能動的参加について家族を調査する。	

 振り返り

　モジュールの最初に書いてある達成基準について振り返りましょう。自分自身に尋ねましょう。これらのことが今できますか？　以下に感想を書いてみてください。

私は生徒に対する高い期待を示すための行動を知っていますか？	
私は能動的参加について連続体として説明し、能動的参加について生徒に教えるための授業を作り出せますか？	
私は生徒が参加しなくなる理由を知り、学習に戻るように招き入れる活動を実践できますか？	
私は、クラスの合意事項を発展させていくプロセスを実行し、必要に応じて見直すことができますか？	

MODULE 3

期待を設定し、能動的参加のための教育を行う　　109

訳注

1　すべての生徒が簡単に、リスクなく参加できるような意見表明の手法。例えば親指を立てるか下げるかして賛成／反対やはい／いいえを表したり、テーマに同意／反対する強さごとに整列させたりするなど。

2　国際バカロレア機構（本部ジュネーブ）が提供する国際的な教育プログラム。

MODULE 4

感情の言葉を用いた修復的会話

信念の表明

パワー（権力）はコミュニケーションを断ち切る。
感情の言葉は、共感的傾聴と内省的思考とを築く。

ジレンマ

　ブラドリー・エリス先生の教室は、中学校のメインホールの1つに面しています。彼は、休み時間に入り口に立って、次の授業のために教室に入ってくる生徒に挨拶をします。彼は一人ひとりの生徒に話しかけて、目を合わせ、彼らとの関係を築き、次の授業に向けてよい雰囲気を作ろうとしています。

　先生は、遅刻しそうになったり、あるいは単にふざけていたりして、ホールを走る生徒を見ることがよくあります。彼は、ずっと「ゆっくり！」「ホールを走るな」「ルールを知っているだろう」といったことを自分が叫び続けていることに気づいています。

　先生が、この子たちはなんて乱暴で、言うことを聞かず、ルールを守らない、とイライラしてつぶやいているのを、生徒たちはしばしば耳にします。

エリス先生は、この毎日の出来事の結果を変えるのに何ができますか？あるいは何を言えますか？

よくある誤解

誤解 1：教師は自分の感情や気持ちを生徒と共有すべきではありません。

事実：教師が自分の感情や、生徒の行動・言葉・選択によって自分がどのように感じるかを説明することは、生徒が、先生は何をするよう求めているのか、自分はどのように振る舞うべきかなどを理解するための鍵となります。

誤解 2：生徒は学校の規則や方針を知っているのだから、自分の行動がなぜ影響を与えるのかを理解しているはずです。

事実：生徒は規則や方針を知っているかもしれませんが、その生徒が実際に変わるのを助けるには、なぜその行動・選択・行為がその状況において、教師や他の生徒たちに影響を与えるのか説明することが重要です。

誤解 3：教師たちが自分の一日のことや、教室や特定の生徒との間で直面している問題について話す時、生徒が周りにいたとしても、彼らは教師の会話に注意を払っていません。

事実：生徒たちは、私たちが思っている以上に耳を傾けています。あなたの近くにいる生徒について話していなくても、その生徒はあなたが話していることを内面化し、耳にしたことをもとにあなたに対する認識を変えてしまう可能性があります。

誤解 4：生徒は、あなたが何か言った時にはその意味を理解するべきです。

事実：肯定的な言葉であっても、生徒に否定的な影響を与えることがあります。「わあ、そのとおり!! よくできたね！」「よくできてびっくりし

感情の言葉を用いた修復的会話 113

た！」と言った時、生徒が実際に内面化する可能性があるのは、次のようなことです。「私の先生は、私がそれを学んだり、実行したりできるとは思っていなかった。先生は私にそんな結果を期待していなかった。たぶん、私は努力を続けるべきじゃない」。

学習のねらい

- 私は生徒の問題行動への対応として、認知的リフレーミング〔見る角度や視点を変えることで違った意味を見出すこと〕について学んでいます。
- 私は感情の言葉を強化するテクニックを学んでいます。
- 私は懲罰的な教室運営に代わる方法について学んでいます。

達成基準

- 私は認知的リフレーミングを自分の職業上の状況に適用できます。
- 私はよくある教室での状況に対応するために、感情を言葉にすることができます。
- 私は公の場での屈辱に代わるものを実行できます。

自己評価

指示：現在のあなたの学校について考えましょう。教育者としてのあなたの実践を振り返るために、信号機の目盛りを使ってください。以下の記述にどれくらい当てはまりますか？

1. 私は生徒の問題行動に対して、衝動的に反応する前に、自分の対応を考え抜く技術を持っています。

2. 共感的情動と内省的思考を促すために、生徒に対して感情の言葉を使います。	
3. 同僚にも上述と同じ技術を使います。	
4. 私は、懲罰的な教室運営の技術は使いません。	

認知的リフレーミングと修復的会話

　時には、状況を別の視点から見ることが助けになることもあります。いつでもというわけではありません。すでに状況を明確に把握している場合もあるからです。しかし、時にはリフレーミングする［捉え直す］ことで、あなたの感情状態、ストレスレベル、反応が改善されることもあるかもしれません。それは、出来事や感情の見方を変えるために使えるツールなのです。

　認知的リフレーミングについては数十年にわたる研究があり (Pipas & Pepper, 2021)、父と継子の葛藤から不安障害まで、幅広い場面で用いられてきました。ある状況に直面した時、私たちは自然に（そしてほとんど即座に）その状況が自分に与える影響を判断します。言い換えれば、私たちは状況が自分に与える影響を枠にはめ込んでしまうのです。実際、私たちはその状況や自分自身に集中するあまり、時として他者に故意や悪意があるとさえ考えてしまいます。実際は、私たちとはほとんど関係がないことだってあるかもしれません。ただ、私たちがそのように決めつけ、傷ついているだけなのです。視点を変え、自分の経験が改善するかどうかを確認してみましょう。

　認知的リフレーミングは、私たちが自然に行ってしまう過度の一

般化に役立ちます。先に述べたように、私たちの脳はパターン検出器です。しかし、一般化しすぎると、私たちは重要な教訓を見落とすかもしれません。例えば、以下は教室における過度の一般化の例です。

- 前にもあったから、また起きるだろう。
- その生徒は、この前の課題を知ったこっちゃないと言ったから、今回もそう言うだろう。
- 彼らはいつもそういうふうに行動する。
- 貧しい子どもたちは、たいていそう振る舞う。彼らも私が知っている他の貧しい生徒たちと同様に振る舞うだろう。

私たちは意識的にはこのような過度の一般化に気づいていないかもしれませんが、それは私たちの意識の水面下にあります。また、私たちは個人化する傾向があります。生徒の行儀が悪いと、私たちはそれを個人の要因によるものと解釈しがちです。結局のところ、彼らはあなたが作りたい学習環境を軽視しているのだと。議論をしている時、証拠が不足している時には特に、私たちは証拠よりもその人を攻撃する傾向があることに、誰もが気をつけなければなりません。何か悪いことをしてバレた生徒が、小さな嘘をついたと想像してみてください。ある時点でその生徒は、教育者に対して意地悪なことを言ったり、傷つけるようなことを言ったりするようになる可能性が高いでしょう。というのは、彼らは、大人は物事を個人的に受け取る傾向があることをすでに学んでおり、その時から相互作用が変わってしまっているからです。

> 私たちは意識的には
> このような過度の一般化に
> 気づいていないかもしれませんが、
> それは私たちの意識の
> 水面下にあります。

私たちは、過度の一般化や個人化をしないことが簡単だと言っているのでも、傷つくような状況にただ耐えなければならないと言っているのでもありません。生徒たちに長期的な変化をもたらすために、本書にある他のテクニックを使いながら、こうした状況の一部をリフレーミングすることを選択できると提案しているのです。認知的リフレーミングの利点は、以下のことに気づくようになることです。あなたとは本当に関係のないことがある。あなたはただそこにいて、自分の仕事をしようとしていただけである。このことは、ストレスや、教育者が生徒に対して長期的なコミットメントを持つという点で、とても役に立つと思います。

　認知的リフレーミングのプロセスを、例を挙げて説明します。あなたが経験したことのあることで、違う考え方をしたいと思うことがあれば、これと同じやり方で試してみてください。

　ステップ1は、状況を説明することです。起こった出来事を明確に分析できるように、物事を書き留めるのに役立ちます。状況を視覚化し、詳細を説明できるようにしましょう。

1. その出来事あるいは状況を説明する。

実例	あなたの経験
エレオノーラは授業中、携帯電話をしまうよう何度か注意されても、何度も使っています。エレオノーラは携帯電話をこっそり持っていて、いつも誰かにメッセージを送っています。ある日の授業中、エレオノーラは携帯電話をしまうよう6回注意され、それに従っていたものの、また携帯電話を使いました。	

感情の言葉を用いた修復的会話　117

第 2 のステップは、自分の感情を確認することです。 このような状況になった時、あなたの感情的な反応は何ですか？　感情の輪（図表 4.1）を参考にして、あなたが経験している感情の深さを考えてみるのもよいでしょう。

図表 4.1　感情の輪

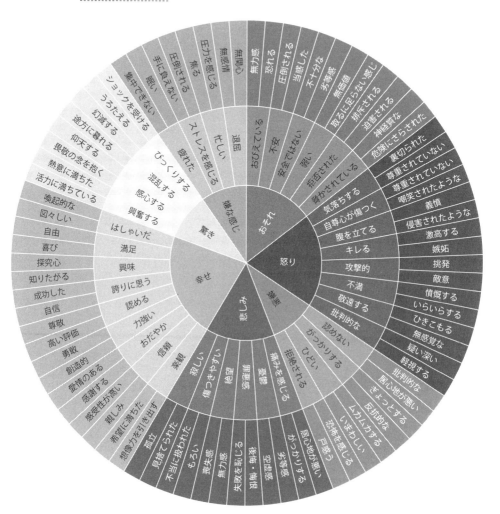

出典：オリジナルは Dr. Gloria Willcox によって作成；Willcox (1982)

2. 自分の感情や気持ちを確認する。

実例	あなたの経験
苛立ち、怒り、憤りを感じます。また、非効率的です。エレオノーラは、私の授業でよい成績を収めてはいますが、彼女は勉強していないのではないかと心配にもなります。	

　自分の感情を確認したら、次は**自分の思考を調べてみましょう**。感情を認識するにつれて思考が浮かんでくるかもしれませんが、その思考は状況を捉え直すのに役立つので、しばらく時間をかけてみてください。自分の考えを探り、説明しながら、相手の意図が何であったかを考えてみましょう。何が起こると思ったか、これらの出来事の影響は何だろうかと自問してください。あなたが期待した結果を考えてみてください。

3. 自分の考えを探求し、説明する。

実例	あなたの経験
この生徒は気にしていないと思います。私に対して失礼だし、私がクラスをコントロールできないようにするため、私の印象を悪くしていると思います。私は携帯電話を片づけて、触らないことを期待していました。携帯電話の問題は私の時間を奪っているし、私がクラスの警察官でなければならないように感じさせています。エレオノーラとの関係を悪くさせているとも思います。	

感情の言葉を用いた修復的会話　119

あなたの思考が探求され、説明できたら、あなたは**その状況あるいは出来事をリフレームする**機会を得ます。もし、その人あるいはその人たちの意図が、あなたが思っているのとは違ったらと考えてください。その行動あるいは行為には別の理由があるでしょうか？考えうる別の結果はあるでしょうか？

4. 出来事や状況をリフレームする。

実例	あなたの経験
OK、彼女は退屈しているのかもしれません。エレオノーラは、私の授業では満点ですが、他の生徒は、彼女が電話に出ているのを見ているし、私が何かするのを期待しているかもしれません。もし何もしなければ、みんなが電話を使い始めて、教室はめちゃくちゃになってしまうかもしれません。あるいは、私が知らないだけで、彼女は誰か親とか祖父母とかと話す必要があるのかもしれません。	

代替案を検討したら、アイデアや仮説を検証してみるのもよいでしょう。もしエレオノーラが、重大なことで家族と連絡を取る必要があるとしたらどうでしょう？　そうならば、その状況に対する感じ方は変わるでしょうか？　彼女が退屈しているのは事実で、自分の課題はすべて完了しているのでしょうか？　もし、彼女が電話をかけまくっていることに正当な理由がなく、単なる習慣だとしたら？　どの状況も正しい可能性があり、それを知るのは興味深いことです。しかし、調査をする前に、そしておそらく変化を起こす前に、リフレーミング後の自分の感情を考え、**気持ちを再確認**してください。

5. 自分の気持ちを再確認する。

実例	あなたの経験
他人の目を気にしている自分が、なんだか恥ずかしい。誰もいないところで、エレオノーラと正直な話をする必要があります。でも、このことを考えて、私とは何の関係もないのかもしれないと思うと、ずいぶん気が楽になりました。そして、それは実は本当に小さなことで、私が生徒たちにいつも言っていることの1つ、「小さなことは小さく」を守れていないのではないかと考えさせられます。	

感情の言葉と修復的会話

感情の言葉は、修復的実践の礎石であり、教室や学校の規律に対する代替的なアプローチです。感情の言葉は、生徒が大人たちや他の生徒たちと情緒的絆を結ぶことを励ます一方、否定的な交流を最小にします（Costello et al., 2009）。これらの記述は、行動と感情のつながりを模索する感情理論から引用されています。

幸福感や満足感は、感情がポジティブかニュートラルな時に生じますが、怒り、苦痛、恥はネガティブな感情から生じます（Tomkins, 1962）。

感情の言葉の理論的基礎は、非指示的療法の先駆者であるカール・ロジャースの研究にあります。彼は、不平等な権力構造が会話を遮断すると考え、患者が内省的思考を行えるように権力構造を転換する方法を模索しました。彼の教え子の1人であるトーマス・ゴードンは、教育者が同様の成果を達成するためのツールを備えるために、彼が「アイ〔私〕メッセージ」と呼ぶものを開発しまし

た。ゴードン（Gordon, 2003）は、教育者が生徒と建設的に交流するための手段として、これらを教師強化研修プログラムに取り入れました。感情の言葉は、これらの「アイメッセージ」をニーズと要望に結びつけることによって、生徒たちをさらに前に進めます。

　感情の言葉は、生徒が教室の流れに再び溶け込めるように、否定的な感情を減らし、肯定的あるいは中立的な感情を回復させるために使われます。感情の言葉は、あなたが生徒に対して、人としてではなく、取った行動に対して不満を持っていることを共有する方法を提供します。これにより、行為と行為者を分離することができます。生徒はしばしば謝罪し、"そんなふうに感じさせるつもりはなかった"と言うでしょう。加えて、これは生徒が守りに入ることにエネルギーを費やすのではなく、反省と前向きな行動に取り組むための余地を提供します。

　感情の言葉は、会話の前に認知的なリフレーミングを必要とすることが多いです。最初の課題は、自分自身の感情を、発達段階に応じた方法で適切にラベリングすることです。現実を見ましょう――教師になるまで、私たちは、幼稚園や保育園の時から訓練を受けてきました。生徒だった頃、私たちは、教師が生徒と揉めた時の対応を学びました。これらの反応は深く刻み込まれており、感情の言葉について読んだだけでは簡単には変えられません。認知的リフレーミングは、感情の言葉を使うための最初のステップであることも多いです。しかし、それはまた自分自身のエンパワーのためのツールでもあるのです。教壇に立つことの楽しいところ、そして時に怖いところは、次の日がどんな一日になるのか、まったく予想がつかないことです。喜びを感じる日も多いものの、生徒とのやりとりで挫折する日もありま

> 感情理論は、
> 行為と行為を動機づける
> 感情とのつながりを求めます。

す。呼吸を整え、状況を捉え直すことで、ある出来事が自分の中で処理される方法を変える効果があります。多くの人が指摘しているように、出来事を変えることはできませんが、それに対する反応の仕方は変えることができます。

感情の言葉を学校の日常に織り込む

私たちが生徒に対して、また生徒の周囲で使う言葉は、生徒のアイデンティティや主体性を形成することもあれば、破壊することもあるということを忘れてはなりません。大人と同じように生徒も必然的に、誰かが自分について、あるいは自分に対して言ったことを内面化し、それを信じ始めます。感情の言葉を使うことで、生徒は、あなたが伝えているメッセージの背後にある理由を理解することができます。ゴードン（Gordon, 2003）の"アイ"メッセージの原型は、教師が葛藤をどのように受け止めているかに焦点を当てた文を作ることでした。

1. **責任の所在を明らかにせずに、問題行動を簡潔に説明します。**（最後の問題を話している時、あなたが携帯電話に気を取られているのを見ました）。
2. **問題行動によってあなたが経験した感情を共有します。**（生徒一人ひとりを成功させたいので、自分に失望した）。
3. **その行為があなたに与えた具体的な影響をあげます。**（あなたがそれを1人でやろうとして行き詰まった時に、もう一度教えなければならないのではないかと心配しています）。

この"アイ"メッセージに加えて、さらに2つのステップ、つまり必要性の表明と計画や再質問を加えることによって、感情の言葉

感情の言葉を用いた修復的会話　123

が構築されます。

4. **あなたが価値を置き、必要としているものを挙げます。**（一緒に勉強することが私にとっては重要です）。

5. **計画や要望を伝えます。**（あなたが成功するために必要な情報を確実に入手できるように、次の問題に注意を向けてもらえますか）。

> 感情の言葉は、
> 行為と行為者との
> 区別を認めます。

　　この最後の2つのステップを加えることで、生徒を方向転換させ、成功への道へと導くと同時に、生徒を軌道に戻すのを防げるかもしれない否定的な感情を軽減することができます。この単純な変化は、関係を作る一歩となりえます。なぜなら、あなたは、生徒に話しているのではなく、生徒と話しているからです。図表 4.2 に感情の言葉の例を挙げます。

図表 4.2　感情の言葉の例

状況	文章の始まり	例
1人の生徒が授業に身が入っていません。感情の言葉を使ってどのように生徒を方向転換できますか。	・ 残念ながら〜 ・ 〜が気になります。 ・ 私は〜に不満を感じます。	・ 残念ながら、この授業は今、あなたの注意を引いていないようですね。何か、私があなたについて知っておくべきことはありますか？ ・ あなたが何か重要な情報を聞き逃しているのではないかと気になります。授業を聞くにはどうしたらよいですか？ ・ 君が上の空なのを見て不満を感じています。本当に興味深い授業をしようとして、昨夜頑張ったのですが。

状況	文章の始まり	例
読書机に来ないで、1人の生徒が他の生徒たちと騒いでいます。感情の言葉を使ってどのようにこの状況に対応しますか？	・〜の理解に苦しんでいます。 ・〜を見て／聞いて、私はとても嬉しいです。 ・私は〜を見て／聞いて、落ち着きません。	・何が起きているのか、理解に苦しみます。あなたのことが心配です。 ・君が私たちのグループに参加する準備ができているのを見てとても嬉しいです。あなたがいなくて寂しかったです。あなたが私たちと過ごす時間をいくらか失うことを理解し、グループの他のメンバーに謝罪したことをとても嬉しく思います。 ・私は、あなたがそんなふうに遊ぶのを見て落ち着きませんでした。あなたがけがをするんじゃないかと心配だから。あなたが友達と遊ぶのが好きなのは知っていますが、外でなら心配が減るのでもっとよいと思います。
ある生徒がスマホをしまいません。しまわせるにはどのような感情の言葉を使いますか？	・私は〜について落ち着きません。 ・私は〜を心配しています。 ・〜してくれてありがとう。	・私はあなたがスマホをいじっているのが落ち着きません。規則違反なのに、何か間違っていると心配です。 ・あなたがスマホを使っているのを心配しています。触る時間が増えているし、クラスの決まりを覚えていないのかと気になります。どうやったら手助けできますか？ ・スマホをしまってくれてありがとう。しまってという私のリクエストに応えてくれて感謝しています。

出典：Sumith et al. (2021)

感情の言葉を用いた修復的会話　125

図表のシナリオから１つを選び、それを広げてみましょう。その状況に対する従来の対応はどのようなものでしたか？　また感情の言葉は会話の方向性を変えるでしょうか？　生徒はそれをどう受け止めるでしょうか？

感情の言葉は大人にも効果がある

　職員会議、廊下や仕事場、あるいは専門職学習コミュニティで同僚と接する時、コミュニケーションや人間関係をサポートするために、同じ原則を適用してみることを考えてください。同じ枠組みは、同僚との対立に対処する時にも効果的に働きます。あなたの言葉は、同僚やその他の学校スタッフのアイデンティティと主体性を形成するパワーを持っています。

　パット・エヴァンスとキャロル・キプリング＝ロスは、20年近く同じ学校で教えています。２人とも大規模高校の英語科に在籍しており、仕事上の同僚です。そして、友人でもあります。キャロルのパートナーが３年前に亡くなった時も、パットは精神的、物理的な面でそばにいました。

　こうした個人的な深いつながりが、現在の２人の仕事を難しくしています。パットは学校の認証評価委員会の委員長であり、大きな責任を負っています。彼女は、学校が一丸となって取り組んできたことに誇りを持っており、彼女と彼女の委員会メンバーが集めた実証データは、ほとんどが肯定的なものでした。しかし、データから

は、公平な実践について難しい疑問も浮かび上がってきました。キャロルは何度か、データや委員会の調査結果についてパットに公の場で異議を唱えました。2人が友人であることは誰もが知っていますが、パットは、周囲が自分たちは友人なのか疑問を抱いているような気がしています。

パットは、誤解を解いて前に進む必要があるとわかっています。仕事上も個人的関係も両方、彼女にとって重要なことなのです。パットは、キャロルと気が散ることなく話し合える放課後の時間を選びます。キャロルの部屋に着き、挨拶を交わした後、彼女は心配事を打ち明けます。

「キャロル、委員会の認証作業に関する会議で、あなたと私の意見が食い違ったことがあるよね。あの時、私は戸惑った。なぜなら、あなたと私とでこの問題の見方が異なるとは思っていなかったから。私の個人的な感情が、私がしなければならない専門的な決定の邪魔をしているのではないかと心配してる。特に意見の相違がある時に、一緒に取り組めることは私にとって重要なの。事前にどのような点で意見が違うのか教えてもらえない？ そうすれば、自分の感情だけで反応することなく、話を聞く準備ができるから」。

キャロルは友人の要求に驚きました。「あなたがそんなふうに思っているなんて知らなかった。同意できないことについてオープンに話し合うことは、私にとって大切なことだよ。私は、あなたと私の仕事における意見の相違が、あなたがそういう風に感じる原因になるとは思っていなかった。そんなつもりはなかった」。

それから10分以上、パットとキャロルは報告書草案と提言に対する意見の相違点について話し合います。パットは、仕事上の忠誠心と個人的な忠誠心を分けることができたので、キャロルの推論に耳を傾けることができるようになったと言いました。キャロルもまた、この議論から恩恵を得ました。

感情の言葉を用いた修復的会話　127

「個人的な話だけでは、私の話を本当に聞いてもらえるかどうか不安だったのです」とキャロルは説明します。「さっきのミーティングは、そのための最良の場所だと思いました。私たちが前進する方法を打ち出してくれたことに感謝しています」。

あなたの努力をだいなしにする：クリップチャートと公的な屈辱のテクニック

教室運営には、生徒をコントロールするために公的な侮辱を利用する、意図的なアプローチがあります。このシステムでは、教師が生徒にフィードバックを提供し、各生徒の状態が公開されます。その一例が、生徒の名前をクリップなどで留めた、行動の尺度を含むクリップチャートです。生徒の名前は、その行動に応じて上がったり、下がったりします。別の例としては、生徒が悪さをしたら黒板にその生徒の名前を書き、行動が悪化したら、さらにチェックを入れるという方法があります。

これらは修復的なやり方ではなく、代わりに、生徒に怒り、恥ずかしさ、屈辱をもたらします。そうなれば、学習は損なわれます。もしそれが本当にうまくいくのであれば、ここであえて触れません。しかし、私たちはみんな、クリップが赤の位置に置かれた危機的な生徒たちを毎日目にしています。もし彼らがこのやり方から学んでいるのなら、改善しているはずです。でもそうはならず、生徒たちはクラス全員の前で自分の席からボードまで恥の道を歩き、彼らの行動に基づく場所にクリップをつけかえなければならないのです。

よくある例を挙げます。ジョアンは、授業中に私語をして、先生に見つかり、クリップをよくない評価を受けていることがわかる場所まで下げるように言われます。イライラした彼は、クリップをつ

128

けかえようと教室の前まで歩いていきましたが、その途中で"うっかり"数人の仲間にぶつかってしまいました。彼らは文句を言い、教師はさらにクリップを下げるように言います。彼は自分の席に戻る途中、先生とクラスに腹を立てながら失礼な態度で何か言い、授業を中断させました。その日のうちに、教師はジョアンの両親に電話をかけ、何が起こったかを知らせました。ジョアンはこのことから何を学んだのでしょう？　おそらく、教訓は「見つからなければいい」ということであり、それ以上の学びは何もなかったでしょう。

　他の公的な屈辱に関しても同じことが言えます。生徒を見せしめにするために名前を貼り出したり、校長室への呼び出しを公表したりすることも、教師が生徒を支配し、恥をかかせ、生徒を苛立たせる方法の1つです。

　繰り返しになりますが、教師が生徒の問題行動にただ耐えろと言っているのではありません。むしろ自分の行動が他者に与える影響を生徒が学ぶことを言っています。このモジュールでは、生徒が自分の行動には結果が伴うことを理解できるよう、感情の言葉に焦点を当てています。以後のモジュールでは、このような課題に対処するために使用できる追加のツールを提供します。

　クリップチャートを使うことが必要な場合は、クリップを反転させることを検討してください。最もよいことが起きた時、チャートの一番上に置かれ、家族に電話します。この表の一番下に置かれた生徒には、教師との関係を再構築する機会を与えます。公の場で屈辱や恥のテクニックを使う場合は、誰が何を学んでいるのか自問してください。そして、生徒が自分の行動が他人に与える影響を理解できるような、よりプライベートなかかわり方を考えましょう。もちろん、これ

生徒に向けて、あるいはその周りで教師が使う言葉は、生徒のアイデンティティと主体性を形成することもできれば、破壊することもできます。

感情の言葉を用いた修復的会話　129

は生徒が教師や仲間と良好な関係を築いていることが前提です。それは本当の尊敬の基盤があってこそ始まります。それがなければ、生徒は害を与えたことを気に留めないかもしれません。

さらに、生徒用ではなく、自分用のクリップチャートを検討するのもよいでしょう。ジェシカ・アンドラーデ先生の4年生の教室にはクリップチャートがありますが、チャートのラベルは彼女の感情の状態に焦点を当てています。イライラしている時は、その感情にラベルを貼って生徒に伝えます。なぜそう感じるのか、その理由を生徒たちに説明します。

> あなたの言葉は、同僚やその他の学校スタッフのアイデンティティと主体性を形成するパワーを持っています。

リラックスしている時、喜んでいる時、興奮している時も同じです。アンドラーデ先生は、生徒に感情をコントロールする模範を示しています。

ジレンマ：第2幕

本章冒頭のジレンマで、感情の言葉をどのように使うことができるでしょうか。エリス先生は生徒たちに近づき、こう言うことができます。「ここは全校で最も混雑している廊下の1つで、誰かがけがをしないかとても心配なんです。スピードを落としてください」。こうすることで、エリス先生の懸念がより明確に伝わるだけでなく、生徒も自分の行動がエリス先生や他の生徒にどのような影響を与えるかを理解することができます。この方法ですぐにその行動がなくなるとは限りませんが、エリス先生がどのような人であるか、校則の重要性、そして学校全体の風土を生徒が理解するうえで、時間の経過とともに大きな違いが生まれることを覚えておいてください。

次のシナリオを読み、教師へのアドバイスを考えてみましょう。

 事例

サーシャ・ウィリアムズは、低所得層の生徒の教育を支援するタイトルI¹小学校の校長に採用されたばかりです。同校はプログラム改善の3年目を迎えていますが、読解と算数の州テストの成績はほとんど伸びていません。同校の校長に就任して1年目のウィリアムズ校長は、教師が読解と算数で少人数指導を行うことに重点を置いています。ウィリアムズ校長は、少人数制の指導は、教師が生徒のレベルに合わせて集中的な指導を行い、学習を加速させるのに役立つと信じています。

1年生の担当チームは、この取り組みに苦戦しています。クラスの人数は24人から29人です。ベテランのミゲル・ロドリゲス先生は、少人数グループを使って授業をしたことがなく、教室運営に苦労しているため、特に苛立っています。苛立ちから、チームメートの1人であるジュリア・ライブランド先生に不満をこぼします。「ウィリアム校長は、私たちに何を求めているのか理解できていないんです。彼女はとても理不尽だ！ 僕のクラスがどれだけクレイジーなのか知らないんだ。今年はそんなことできないよ」。

ライブランド先生はどう答えるべきでしょう？

推奨と意味

一般的な推奨事項を表にまとめました。このモジュールがあなたにとって刺激となった、あなた自身の現場固有の意味合いや質問を追加してください。

	一般的推奨	現場特有の意味と疑問
全校	認知的リフレーミングと感情の言葉に関する専門的な学習に参加し、スタッフとして定期的に短いロールプレイ・シナリオを練習します。	
リーダー	生徒とのやりとりの中で、あなた自身が感情の言葉や認知的リフレーミングを使用していることに注意します。	
教師	教室でのやりとりの中で、認知的リフレーミングや感情の言葉を使う機会を探します。これらを学年や部署で共有します。	
生徒	仲間との小さな衝突を解決するために、感情を認識し、感情の言葉を使うことの有用性について生徒に教えます。	
家族とコミュニティ	認知的リフレーミングや感情の言葉に関する取り組みについて、学校に関する情報を共有する場（ニュースレターやウェブサイトなど）を通じて家族に知らせます。	

振り返り

モジュールの最初に書いてある達成基準について振り返りましょう。自分自身に尋ねましょう。これらのことが今できますか？ 以下に感想を書いてみてください

認知的リフレーミングを自分の職業上の状況に適用できますか？	
よくある教室での状況に対応するために、感情を言葉にすることができますか？	
公の場での屈辱に代わるものを導入できますか？	

訳注

1　低所得層の生徒の教育を支援する連邦政府のプログラム。

MODULE 5

促進的会話を使った修復的会話

信念の表明

インフォーマルに行われる促進的な会話は、感情や考えを表現し、問題を解決することを可能にするため、よりフォーマルな会議の必要性を減らします。

ジレンマ

カサンドラ・ジェンキンスは1年生担当の教師です。彼女は学校が始まってからの最初の2か月間、生徒たちに教室で達成してほしい期待を伝え、リテラシーセンター[1]やカーペットタイム[2]などの様々な学習経験のやり方を学べるよう熱心に取り組み、協働的で受容的な学習者のコミュニティを構築しました。生徒はどうやってラグの上に正しく座るか、自分たちの考えを分かち合う学習空間としてどうやって他の人と協働的な会話をするかについて練習してきました。

この日、ジェンキンス先生は、ラグに座った生徒たちに対して、時々会話をしながら読み聞かせをしています。ライリーは今日もソワソワし、座っているのが難しいようです。彼はポケットから出した鉛筆で近くに座っている生徒を叩き、クラスにいる多くの人の気を散らす原因になっています。ジェンキンス先生は本を読み続けながら彼の行動を正そうと何度か目線を送りましたが、効果がありませんでした。行動はエスカレートし、読み聞かせを続けることが難しくなりました。

ジェンキンス先生は次に何をするべきでしょうか？

よくある誤解

誤解1:促進的会話は生徒の否定的な行動・行為・選択に対して使うのが最適です。

事実:促進的会話は、生徒がうまくやれたことを知らせてその行動を強化し、励ますものでもあり、肯定的な行動・行為・選択に対しても強力なツールとなります。

誤解2:促進的な会話は管理職と生徒の間でのみ使われるべきです。促進的な会話をするために、教師が授業時間を使うべきではありません。

事実:促進的会話はコミュニケーションを発達させ、関係性を構築します。それは特に教師と生徒にとって重要です。教師も管理職も教室内のコミュニティと学校全体のコミュニティを構築するために、促進的な会話を行うべきです。

誤解3:教師が授業中に誰か1人と促進的な会話をすると、クラスの他の生徒が放置されてしまいます。

事実:クラスの残りの生徒を簡単な協働的ディスカッション(例:ターンアンドトーク[3]、シンク・ペア・シェア[4])や課題に参加させることによって、教師は授業中でも必要な生徒と容易に促進的な会話をすることができます。

学習のねらい

- 私たちはインフォーマルな会話の影響について学びます。
- 私たちはその場その場で問題を解決することを学びます。

達成基準

- 私は促進的会話の構成要素を説明することができます。
- 私は生徒との「バンキングタイム〔銀行時間〕」の利点を挙げ、関係構築アプローチにこれを実行する計画を立てることができます。
- 私は教室に促進的会話を組みこんで、その場での問題解決ができます。

自己評価

指示：比較的軽微だが困難な状況が発生した時、私たちは直観的に、生徒に何をどうすべきかを教えます。それで気分は楽になるかもしれませんが、生徒はその経験からあまり学ばないかもしれません。もしくは、私たちは何もしないで、ただよくなることを願うこともあります。その場合、同じように生徒は学ぶ機会を逸しますし、教師は不満を持ち続けることになります。この自己評価では、生徒に何をすべきか教えることをやめて、彼ら自身が解決策を見出せるように質問することによって、どのように状況を変えることができるかについて考えます。これにより生徒が問題解決に積極的に関与し、その経験から学ぶことになります。リストの最後に独自のものを追加してかまいません。そしてどうやってこれを達成できるか他の人と自由に話し合ってください。

伝える	尋ねる
鉛筆をテーブルにぶつけないで。気が散るし、やめてと2回お願いしましたよね。	

伝える	尋ねる
あなたが使った言葉はこの環境に適切ではない。汚い言葉を使うのはやめるべきだ。	
私が話している間クラスメートと話すのをやめて。もう一度やったら、出ていってもらいます。	
あなたは全然集中してないね。一旦それを置いて集中する必要がある。	
ごみをテーブルの上に置きっぱなしにしましたね。あなたは自分で拾う必要があります。	
彼女の髪の毛を引っ張ったのを見ました。謝りに行きなさい。	

促進的会話の原則と研究

　促進的会話は関係性に関するもので、インフォーマルなものであり、学校の修復的文化と一致するものです。イギリスではこれらを修復的おしゃべりと呼んでいますが、これはいい響きで、対話の意図を伝えてくれる呼び名です（Finnis, 2021）。しかしこの会話は、その場ですぐに行う短いものだからといって、計画や構造がないことを意味するものではありません。生徒との会話をもう少し深くする必要があり、単純に会話の方向を変えるだけでは適切な仕事ができ

ない時もあります。以下のシナリオについて考えてみましょう。

- ある生徒が遅刻し、あなたがいることに気づかず、クラスメートに「彼氏と電話していたから遅刻した」「どうせこの授業は大したことないから大丈夫でしょ」と大声で宣言し、到着前に始まっていた授業の進行を妨害します。
- 3人の生徒が昼休みに校庭でカバン投げをしており、2人はもう1人の生徒のカバンをお互いに投げ合って手が届かないようにしています。別の3人は困っている生徒を見て笑っています。
- ある生徒は毎日のように授業で居眠りをし、課題を提出しません。破壊的とまでは言えませんが、彼はまったく参加していません。

> 促進的会話は関係性に関するもので、インフォーマルなものであり、学校の修復的文化と一致するものです。

従来のアプローチであれば、このことを管理職かカウンセラー、または学年主任に報告するところでしょう。しかし一部の学校ではこのような状況が1日に数十回発生することもあります。その場合、これらの生徒と意味ある会話をする十分な処理能力はありません。そして、2つの状況が起こります。1つは、校長室にはすでに生徒が列をなしていることを知っているので、教師は背を向け何が起こっているかを無視しようとすることです。2つ目は、非常にたくさんの生徒の違反を処理しなければいけない管理職が、何が起きたかの調査をほとんどせずに対処してしまうことです。最初に、少し認知的リフレーミングをしてみましょう。

- 大声で授業を妨害した生徒は、送ってくれるはずだった親が今朝酔っぱらっていたから遅刻したという本当の理由をクラスメートに知られたくありません。彼女は代わりに歩いて学校に来たのです。
- いじめに参加している生徒の1人は、自分がそれをやらないと、自分も標的になるかもしれないことを恐れています。
- 授業中に寝ている生徒は、家計を支えるために深夜のアルバイトをしています。彼の父は新型コロナウイルスに感染し、運転手の職を失いました。

　これらはどれも本当ではないかもしれません。しかし、会話をしないでどうやってそれを知りえるでしょうか？　そして修復の可能性を模索することなしに罪や対処にばかり焦点が当たったとしたら、生徒は起きたことから学ぶ機会を奪われ、学校はさらなるサポートが必要なことに気づかないかもしれません。

　別の例も考えてみましょう。成績優秀な生徒がクラスにいるとします。何か気持ちの変化があったのか、苦手科目を本当に克服したのかもしれません。こういう場合、あなたは管理職に会話を引き渡すことは決してないでしょう——自分で励ましの言葉を伝える時間を必ず見つけると思います。促進的な会話は生徒の主体性を伸ばし、あなたと生徒たちとの関係性を強化し、何が彼らにとってうまくいっているのかの方向を示し強化する時間にもなりえます。

促進的会話の目的と目標

　私たちは促進的会話の定義や目的を拡大し、ポジティブな会話だけではなく、教師と生徒間、あるいは生徒間の対立を解決するための会話も含めました。とはいえ、これはすべてに対応するアプロー

促進的会話を使った修復的会話　　141

チではないということが重要です。修復的実践は全体として、日々起こる様々なレベルの問題に対処するために使う一連のプロセスとプロトコルの連続体の中で行われます（Costello et al., 2009）。例えば、2人の生徒の間で意見の相違があり、早急な解決が必要だとします。「話し合い」は、人々が自分の感情を表現し、合意に達するのを助けることを目的とした質問によって進められます。「促進的会話」は短く、かつ生徒を学習環境に戻すことに焦点を置いています。これらは問題が起きた時に行うものですが、感情が高ぶっている時には利用すべきではありません。明らかに怒っていたり、希望を奪われていたりするような場合は、それに取り組む情緒的な余裕がまだありません。とはいえ、促進的会話は状況が本格的な対立にエスカレートすることを予防するのに役立ちます。別の言い方をすれば、促進的会話は問題が大きな問題になる前に対処することで「小さいことを小さいままにしておく」アプローチとして採用することが望ましいと言えるでしょう（Positive Behaviour for Learning, 2014a）。

　生徒が問題を起こした時に説教をしたいという衝動を抑えましょう。前のモジュールで述べたように、私たちはみな、過去に目にしたものを実行してしまう傾向があります。私たちは人差し指を向けられながら、何でもいいからそれをやめるよう説教される場面を目撃した（もしくはそこにいた）ことがあるでしょう。これらのやりとりは、大人が「敬意を持ち、好奇心を持ち〔アプリシエイティブ・インクワイアリー[5]〕、冷静で、慎重で、毅然として、公平な」反応をするモデルとなるという、修復的実践の主義と一致しません（Thorsborne & Blood, 2013: 40）。

　1回の会話で生徒の性質や行動が持続的にポジティブな方向へ変化するわけではないことを知っておくことは重要です。実際には、永続的な変化に必要なのは、修復的な会話を重ねることである

ことが多いのです。生徒や彼らとの関係性を大切にするあなたの努力は、生徒が自分自身を諦めてしまったとしても、あなたは生徒を諦めていないということのサインになります。

促進的会話の準備

促進的会話の準備は、簡単なものですが重要です。以下のことを自分に尋ねてみてください。

- 私は話す準備ができているだろうか？　彼らに何を尋ねるか知っているか？
- 彼らは話す準備ができているだろうか？
- 話すのに適切な場所はどこだろうか？

(Positive Behaviour for Leaning, 2014a: 7)

促進的会話を台本にする

台本は会話のガイドです。促進的会話の主要な要素はあなたが行うアクティブリスニング〔積極的傾聴〕にあるので、厳密にこれに従う必要はありません。しかし、質問の台本があると、大人が講義するやり方に戻ってしまい生徒が黙ってしまうのを防ぐことができます。またこれは、生徒になぜそれをしたのかと質問することを控えるのにも役に立ちます。多くの場合、この問いに対する反応は「わかりません」になるでしょう。不幸なことに、この回答は大人がその空白を埋めてしまうことにつながりえます。促進的な会話に導くこ

> 生徒や彼らとの関係性を大切にするあなたの努力は、生徒が自分自身を諦めてしまったとしても、あなたは生徒を諦めていないということのサインになります。

促進的会話を使った修復的会話　143

とができる質問には以下のようなものが含まれます。

- **話を聞く**：「何が起きましたか？　まずはあなたの話が聞きたいです」
- **害を検討する**：「誰が影響を受けたと思いますか？」
- **害を修復する**：「元の状態に戻るためには何が起こる必要がありますか？」
- **合意に達する**：「そのためにはどのような助けが必要ですか？」
- **フォローアップを計画する**：「あなたの状態を確認するのにいいタイミングはいつですか？」

(Thorsborne & Vinegrad, 2004 を改変)

飛んだ時・潜った時（うまくいった時、ダメだった時）

　この個人的な振り返りは、ニュージーランド教育省で学習のためのポジティブ行動トレーニングとして使われています。生徒の行動について彼らと話し合い、それがうまくいった時のことを思い出してください。出来事と会話を簡単に記載し、その会話が効果的になった要因を書き留めていきます。あなたはうまくいったと、どうやってわかりますか？　効果のなかった会話についても同じように進めましょう。

飛んだ時（うまくいった時）

出来事：

会話：

会話が効果的になった要因：

潜った時（うまくいかなかった時）

出来事：

会話：

会話が効果的でなくなった要因：

バンキングタイム

　すでに述べたように、修復的実践は教師・生徒間、そして生徒同士に深い関係性がある時に最も効果を発揮します。生徒と関係を構築したり維持したりする時、特につながるのが難しい生徒とのかかわり方の1つにバンキングタイム〔銀行時間〕があります。ピ

アンタとその同僚によって開発されたこのアイデアは（例：Driscoll & Pianta, 2010）、普通預金口座とよく似ています。教師と生徒は交流し、共有口座に入金をします。何かよくないことが起きた時には、その蓄えがあります。その比喩的な口座に貯金がない状態でよくないことが起きると、関係はダメージを受け感情が傷つくかもしれません。バンキングタイムのセッションは生徒の行動に依存しません。つまりポジティブな行動の報酬としてバンキングタイムをするわけでも、問題行動を示した時に行うわけでもありません。これらのセッションは、それが必要な生徒に対し、定期的に行います。もちろん、すべての生徒がバンキングタイムセッションを必要とするわけではありません。

　アラモスら（Alamos et al., 2018）によると、バンキングタイムは「教師と特定の子どもとの相互作用の質を向上させ、よりポジティブな教師・生徒関係を構築するための二者に対する短期的な介入」（p.437）です。これらの短い（10～15分）相互作用の間、教師と生徒は、生徒が選んだアクティビティを通じて交流します。生徒が交流を主導し、教師はナレーションを行うことができますが、方向づけをしたり、質問をしたり、褒めたりすることは避けます。アラモスらはバンキングタイムの実際の適用に関して、教師は3つのパターンに分かれたと指摘しました（Alamos et al., 2018）。

1. **厳守**：教師は子どもがセッションをリードするようにしながら子どもの活動に積極的に参加した。
2. **低関与**：子どもがセッションをリードしたものの、教師は子どもの活動に参加しなかった。
3. **教師主導**：教師は子どもの活動に参加したが、子どもがリードするのではなく、教師がセッションの指示をした。

これら3つの異なるパターンごとに生じた関係の結果は注目に値するもので、最初の条件では最も強い絆が生じ、最後の条件では絆が最も弱くなりました。

　ピラーはしばしば破壊的で、衝動的で大声を出します。彼女の先生はピラーをもっとよく知るためにバンキングタイムを使うことにしました。彼らは週3回、一緒に10分程度をともに過ごしました。これらのセッションの間、ピラーは遊びを主導しました。彼女は時に絵を描きたがり、時に本を読みたがり、想像的な遊びをすることもありました。彼女の先生であるジェフェリー・ワトキンスは、まず観察することから始めます。交流する時には、ワトキンス先生は行動と感情を言葉にしていきます。「本のこの部分で笑っているね。あなたはこのキャラクターが言ったことが本当に好きなんだね」。

　ピラーが絵を描いていた時には、ワトキンス先生は行動のナレーションもしました。「線を何本か消しているね。修正しながら描いてるんだね」。絵を描いている間にピラーが苛立ち始めた時には、ワトキンス先生は静かな声で「助けがほしいと思ったら私はここにいるよ。何かがあなたを苛立たせてるんだよね？　あなたは私を信じることができるよ」。

あなたの役割は
生徒（時に少人数の生徒グループ）に
あなたが集中して注意を払い、
彼らの選択に関心を持っていると
示すことです。

　ピラーは、自分の描いた絵を指さして、これは正しくない、と反応します。

　ワトキンス先生は言います。「あなたがアーティストだから、私ができる限り手伝うよ。紙はたくさんあるし、時間もある。別の紙で練習してみてどう思うか試してみるのはどう？」。紙切れにスケッチしながら彼らは交流を続けます。

　ワトキンス先生が取った行動には注目すべき行動がいくつかあり

促進的会話を使った修復的会話　　147

ます。彼は褒めていないこと、たくさん質問をしていないことに注意してください。ワトキンス先生は指示〔コマンド〕を引き継いだり使用したりしませんでした。ピラーがイライラした時にそこから離れることもなく、それが起きた時の対処方法があることを明確なメッセージで伝えました。一般的に、バンキングタイムは以下のようなことを含みます。

- **生徒がリードすることについていく**：教師型質問、方向づけ、指示は制限しましょう。安全であれば、むしろ生徒が活動を方向づけ、使うものを彼らの選択で決定するとよいでしょう。
- **観察する**：生徒の行動、感情、言葉、行動について心のノートを作りましょう。また、あなたの反応と相互作用についてもメモを取りましょう。
- **ナレーションをする**：生徒がしていることを説明する言葉を使いましょう。アメリカ高等教育学習研究センター（the Center for Advanced Study of Teaching and Learning, 日付不明）によると、方法はたくさんあります。例えばプレーごとに描写するようなスポーツキャスター、生徒の言葉にコメントしたり繰り返したりするリフレクション、生徒のしていることを真似する模倣などがあります。
- **感情にラベルをつける**：生徒が示したポジティブ・ネガティブな感情について言葉にします。生徒の表現は言語的な場合も非言語的な場合もありえます。あなたの役割は、それに気づき、触れることです。
- **関係性についてのテーマを発達させる**：これらのコメントは、あなたにとって彼らが重要で、その関係に価値を置いているというメッセージを生徒に対して送ります。

バンキングタイムは教育の時間ではないことを覚えておいてください。あなたの役割は生徒（時に少人数の生徒グループ）にあなたが集中して注意を払い、彼らの選択に関心を持っていると示すことです。今述べたような言葉を使うことができますが、スキルを教えたり、学習を方向づけたりすることはしないでください。

一部の教育者は私たちに、生徒とそのような時間を持つ余裕がないと言います。たしかに、学習面の指導は必要であり、生徒も学ぶ権利があります。しかし時間がないと言う人に対し、私たちが聞く質問は次のようなものです：すべての生徒が、あなたが提供する学習的なクラスから恩恵を受けていますか？　もし違うなら、週数回の10分の投資がクラスの関係性に関する信頼や、学習的なクラスへの影響を増加させることができそうでしょうか？　もしくは、別の質問について考えてもらいます：その生徒の問題行動は彼らの学習を阻害していますか？　もしそうなら、なぜバンキングタイムを実施し、より強い関係性を持つことであなたの仕事上の満足や生徒の学習を改善しようとしないのでしょうか？

質問	考えうること	疑問
週に3回、先生と10分の会話をすることで、よい影響を受ける生徒は誰でしょうか？		
これを実行するにはいつの時間がいいでしょうか？	・休憩中 ・昼食中 ・1人で仕事をしている時 ・協働的な仕事をしている時	
それがうまくいったと、どうすればわかるでしょうか？		
私の職場や地区でバンキングタイムについてもっと学ぶのをサポートしてくれる人は誰でしょうか？		

促進的会話を使った修復的会話　149

2×10 テクニック

　教師が生徒たちと深い関係を築く時に使えるもう1つの手段があります。それは2×10アプローチです（Ginsberg & Wlodkowski, 2004）。2×10テクニックは一般的に、関係を始める時にとても効果的です。これは、1日2分、連続10日間にわたって生徒と交流するという考え方です。重要なのは、学校のことではない他のことを話すということです。話題には、希望と夢、恐れているもの、好きなもの嫌いなもの、家族生活、仕事の状況など、関係性を発展させるのを手助けしてくれるあらゆるものが含まれます。大人の中には、関係が互恵的なものであることを忘れてしまっている人もいますが、単に生徒を会話に誘い、彼らのことを共有するだけでなく、自分自身の生活についても共有することが必要です。

あなたは大人です。
気を悪くしないでください。
粘り強く、
そして諦めないでください。

　ジェシカ・ショウリーはPEブログ（Shawley, 日付不明）で、2×10戦略を実践する際に役立ついくつかの考え方を示しました。ここでは体育の授業が参照されていますが、自分の環境に置き換えて読んでかまいません。

- **誰と？**　すぐにすべての生徒に実施することはできないので、どこかから始めなければいけません。クラス内で焦点を当てたい1人か2人をピックアップしましょう。これは他の人を軽視したということを意味しません。家庭内で起きていることに何らかの追加サポートが必要であるとか、規律の問題があるので授業に集中させたいという理由で関係を構築する必要があり、あなたはそれを意図的に行っているだけです。

- **いつ彼らと話しますか？**　授業の前でしょうか？　後でしょうか？　ウォームアップの時間（だからこそ自主的に行える簡易なウォームアップが必要）？　サーキットトレーニングの切れ目や移行する時？　彼らはその準備を手伝ってくれるでしょうか？　つながりを持つ機会を作り出しましょう。活動のパートナーになるだけでもいいかもしれません。アンソニーのテニスのパートナーは数日前からいません。テニスの練習相手になって質問をするだけで、その子のことをよく知ることができます。私は彼ともう何も問題は抱えていないし、今は彼が家庭で過酷な思いをしていることを知っています。彼が大変な状況にいることを思えば、彼が頑張っていることを認識できます。

- **何を話しますか？**　自由回答形式の開かれた質問をしてください。学校の外では何に興味があるの？　今日の授業はどう思った？　アクティビティはどうだった？

- **彼らが話したくないように見えたらどうしますか？**　それでも、話しましょう！　あなたは大人です。気を悪くしないでください。粘り強く、そして諦めないでください。10日目までには、彼らはすべての話をしてくれるようになるでしょう。信じてください。私が歩数計を撤去し箱に収める作業をジョシュは毎日手伝っていましたが、その間、静かにするのが難しい子でした。そのおかげで、私は私が思っていたよりも10代の少年のファッションについて詳しく知ることができました。

- **笑顔で、粘り強く、ポジティブなロールモデルになってください。**当然ながら、この戦略はどのような生徒にも有効なのですが、課題のある生徒の文脈で2×10理論を使うことを強調したのは、この比喩を思い出すのに役立つと思ったからです。生徒に「枝の上を歩かせる」[6] よりも、橋を作り、彼らとつながるために2×10の木材を使いましょう！（Shawley, 日付不明）。

促進的会話を使った修復的会話　　151

時には教師から、「誰になりたい？　何になりたい？」といった開かれた質問から始めることもあるでしょう。もしくは「もしあなたが私を知っているなら、あなたは……を知っているでしょう」という質問の空欄を順番に埋めていくこともできます。重要なのは、生徒を知ろうとすることと、生徒があなたを知ることです。私たちがよく言うことですが、「誰かのストーリーを知れば、その人に失礼な態度を取ることは難しくなります」。一度関係が構築されれば、会話を勉強のことや懸念される行動のことに移していくことができるでしょう。とはいえ、一旦話せる関係ができれば、それ以上の関係構築が不要だという意味ではなく、むしろ会話が期待やフィードバック、成果、行動修正の計画を含むことができるようになるという意味にすぎません。2×10などの促進的会話にとって重要で、次のセッションでも議論することになる重要な要素は以下のようなものです。

- **簡潔**。会話は通常 2 分以内に終えます。
- **声**。生徒がその出来事について自分なりの見解を述べるように促します。
- **正直さ**。教師は自分自身の感情を共有します。
- **説明責任**。生徒は罰を下すと脅されることはありませんが、他者に対して説明責任があることは説明されます。
- **解決志向**。生徒は問題を解決する方法を提案するように求められます。

質問	考えうること	疑問
週に 3 回、先生と 2×10 会話をすることで、よい影響受ける生徒は誰でしょうか？		

質問	考えうること	疑問
これを実行するにはいつの時間がいいでしょうか？	・ 休憩中 ・ 昼食中 ・ 1人で仕事をしている時 ・ 協働的な仕事をしている時	
それがうまくいったと、どうすればわかるでしょうか？		
私の職場や地区で2×10についてもっと学ぶことをサポートしてくれる人は誰でしょうか？		

促進的会話を毎日のかかわりに織り込む

　促進的会話の目標は、あなたとあなたの生徒の間でコミュニケーションと関係性を構築することにあり、その成功には教室の環境が重要な役割を果たします。授業中の様々な時点で生徒が質問や考えを頻繁に話し合ったり、インタラクティブな活動に参加したりできる協力的なクラスの環境作りに注力しましょう。これによって、授業の残り時間から指導時間を削ることなく、必要な時に協働作業の時間を使って生徒と促進的な会話をする機会が生まれます。

　促進的な会話の機会を設ける別の方法として、教室の中に物理的な空間を設けるというものもあります。クールダウンコーナーや絵文字のチェックインボードを設けることで、あなたと話す時間が必要だと簡単に伝えることができます。生徒に日記（文字／絵）をかいてもらうことも、促進的会話が必要かどうかを判断するために使用できるコミュニケーション方法です。

　促進的会話は授業中に行うことに限定されないことを覚えておい

てください。また、1日のうち、あるいは授業以外の日課の合間に
促進的な会話が必要だという兆候を見つけることもあります。例え
ば、休憩時間が終わって生徒を呼びに行った時、生徒が目をこすっ
ていることに気づきませんでしたか？　食堂でごみを捨てている生
徒が、頭を下にして前かがみになって歩いているのを見ませんでし
たか？　トイレを往復するのにわざと非常にゆっくり歩いている生
徒はいませんでしたか？　その生徒は特定の授業に向かう前や金曜
日の終わりにトラブルを起こしませんでしたか？　これらすべての
兆候が、促進的な会話をする機会を示しています。

　生徒と促進的な会話ができる時間は1日に何度かあります。例
えば生徒が協働もしくは個別に作業をしている時、複数の生徒と順
番に短い会話をすることができます。また、1日のうちで必要な時
間を計画することもできます。それは、生徒が片づけをして次の課
題に備えている時や、振り返りや書き物に取り組んでいる時などの
時間かもしれません。教育者がこれらの会話の価値とそれがもたら
す効果を理解すれば、彼らは時間を見つけて生徒たちと会話をする
ようになるでしょう。

対立を横取りする

　本モジュールと感情の言葉に焦点を当てた前のモジュールを通し
て、私たちは教育者が生徒と行う修復的会話について述べてきまし
た。扱ってきた各ケースでは、害の深刻さは低く、教育者が生徒に
対し、自分たちの行動が引き起こす害を理解できるようにすること
が重要でした。教育者たちはまた、生徒たちが償いをし、将来にコ
ミットメントすることで次に何が起こるかを伝えることについても
焦点を当てていました。

　ここで私たちが言いたいのは、教育者と生徒が会話をして対立

を解決できたということです。一方、修復的会議のように、行為が深刻で、より介入を必要とする場合もあります。例えば、いじめの事件では、さらなる介入が必要になる可能性が十分にあり、促進的な会話だけでは不十分です。しかしいくつかの学校では、問題が起きた時に、管理職や学生部長などが生徒と話して終わりにしてしまうことがよくあります。繰り返しになりますが、害が深刻な時には、それが適切なこともあります。しかし害が低レベルであり、教育者（または同僚）が自分の感情や考えを表現できることが必要である場合には、あまり適切ではありません。

　リスクが低い状況で他の誰かがあなたの代わりに介入してしまうと、その対立は害を受けた人から奪われてしまいます。例を挙げて考えてみましょう。マーティンは教科書を開くことを拒否しました。彼は「この授業はつまらない」と言い、他の生徒に抗議に参加するように挑発しました。教師は、当然のことながら不満を抱き、彼を校長室に送ります。マーティンは廊下をブラブラ歩き、途中で何度か立ち止まり、事務室に到着しました。

教育者がこれらの会話の価値とそれがもたらす効果を理解すれば、彼らは時間を見つけて生徒たちと会話をするようになるでしょう。

　彼は事務室の人に出迎えられ、少し待つように言われます。数分後、校長はマーティンに校長室に入るように言います。中に入ると、校長はマーティンに何があったのかを尋ねます。マーティンは、授業が退屈で、友達に怒鳴っていたと報告します。理由を尋ねると、マーティンはわからないと答えます。校長は彼を諭し、教師には敬意を持って接しなさいと伝え、そうするよう約束させます。すべての会話は4分ほどで終わります。しかし校長は、マーティンがまだ教室に戻れる状態ではないとわかっているので、パソコンで読書をするように言い、20分後、マーティンは教室に戻り

促進的会話を使った修復的会話　　155

ます。

　彼が教室に入ると、何人かの生徒が「お～」と言いましたが、教師は静かにするよう伝え、その後、授業に戻りました。しかし心の中では教師はまだ怒っており、終結した感じや解決した感じを抱いていません。この教師はもう一度校長のところに彼を送ることを正当化できる別の不適切な行動がないかどうか見つけるために、マーティンを注意深く監視するようになります。

　この脚本を反転してみましょう。マーティンを校長室に送る代わりに、生徒たちが協働作業に取り組んでいる間、教師が校長にクラスを監督してほしいと頼んだとしたらどうだったでしょう？　そして教師がマーティンと2人で彼の取った行動について個人的な会話の場を持ったとしたら？　教師は感情の言葉を使いながら、恥や非難の気持ちを避け、感情が傷つけられたということを強調し、自分が知っているマーティンではないというメッセージを送るために促進的会話を開始したでしょう。そうすれば、マーティンは教師からの問いに、教科書が難しいうえに、隣に座っている子が彼をバカだとからかったこと、おなかが空いていたことなどを説明することができたでしょう。

　教師は誰かがマーティンをバカだと言ったことを謝り、「私はあなたがとても一生懸命勉強している熱心な生徒だということを知っているよ。先週あなたはこの教科での自分の成果を誇りに思っていると話してくれたよね。テキストをもう少しわかりやすく感じるために私はどんな手助けができるかな？　知ってのとおり、これはみんなにとって難しいんだ。どんな意味かを理解するために、みんなで数日かけてこれを読んだり話したりするつもりだ。私が知ってるマーティンはチャレンジが好きだよね」と言います。

　マーティンは、傷つけるつもりはなかったけど、傷つけて無礼な態度を取ったと謝ります。「先生はいつも僕によくしてくれてい

る。あんなことしてごめんなさい。まだ僕を好きでいてくれると嬉しい」。

　教師はまだ自分に価値があるということを感じることができ、「じゃあ、おなかが空いてるっていうことについて教えてくれる？何が起きているの？」と言います。マーティンは、家には生まれたばかりの赤ちゃんがいるので自分で朝食を作らなければいけなかったものの、その日は遅くなって食べることができなかったことを説明します。教師は「これは解決できるね」と言い、メモを持たせてカフェテリアに向かわせます。

　数分後に帰ってきた時、マーティンはとても気分がよくなり、課題に集中できます。しかし同じくらい重要なことは、彼の先生がマーティンについて学べたことと、教師自身の感情を生徒に表現できたことを喜んでいることです。彼女は毎朝、彼に1日がよいスタートを切れたかどうか確認することと、クラスのみんなに対して、彼女が選んだテキストについて取り組むためのアイデアを出してほしいと伝えるという解決をします。

ジレンマ：第2幕

　ジェンキンス先生がライリーに目くばせして静かにさせようとした方向づけはうまくいかなかったうえ、先生は以前にも同じようなパターンがあったことに気づいていました。彼女はインタラクティブな読み聞かせが終われるように、ライリーには違う課題をしてもらうことにしました。

　「ライリー、今ちょうどあなたの助けが必要だと気づいたの。こっちに来て、私のそばに座って、本を持つのを手伝ってくれませんか？」。ライリーはラグから立ち上がり、教師の隣に座りました。ジェンキンス先生が読み聞かせを終えた後、彼女は授業計画を

促進的会話を使った修復的会話　　157

修正し、ライリーと促進的会話をする時間を取ります。

「みなさん、次の課題です。テーブルグループごとに集まって、今の物語の一部を一緒にポスターにしてみてください」。ジェンキンス先生は言います。「模造紙の端にあなたの好きなシーンを描き、説明と名前を書いてください。そうすれば、順番に選んだ部分とその理由について話し合うことができますね」。彼女は模造紙とマーカーを各テーブルに置き、このお馴染みのアクティビティの指示を確認します。

「ライリー、会話コーナーで話しましょう」。ジェンキンス先生は部屋にある座り心地のよい2つの椅子とテーブルを指して言います。そこに座って、ジェンキンス先生は会話を始めます。

話を聞く

「読み聞かせ中にあなたの気が散っているのがわかりました。話を聞きたいのだけど、何が起こっていたのですか？」。彼女は言います。

ライリーは、アマンダに何かを伝えたかったが、アマンダが振り向いてくれなかったと話します。「だから鉛筆で叩いてこっちを向いてもらおうとしたの」。

害を検討する

「んー。今すぐ本当に伝えたいことがあるのに、相手がそれを聞いてくれない時はつらいものですね」。ジェンキンス先生は言います。「アマンダは物語に集中していたということでしょうか？」。ライリーはおそらくそうだと認めたので、ジェンキンス先生は続けます。「他の日に、カーペットタイムであなたがもぞもぞしているのに気づきました。私は、あなたの学習時間を十分に取れるようにしたいのです。何があなたの学習を邪魔しているのですか？」。

ライリーは答えます。「んー、そのお話を知らないから」。

ジェンキンス先生は頷きます。「そのとおりですね。そしてあなたがそのお話を知らない時、他の誰が邪魔されますか？」。ライリーは少し考えて言います。「自分のグループをうまく助けられない」。

ジェンキンス先生はライリーがある程度の自己認識ができていることを知って喜び、教師としての自分に与えた影響についてまでは話す必要はないと考えました。

害を修復する

さらに話を進め、彼女は尋ねます。「次にラグで作業する時、適切な状態になるためには、何が起こる必要があるでしょうか？」。

ライリーはためらいながらも言います。「気が散らないように、ラグの端に座る必要があります」。

ジェンキンス先生はその答えに驚きます。それは彼女が考えてもみない解決策でした。

合意に達する

「では、1週間やってみましょう。そのためにはどんな助けが必要ですか？」。ジェンキンス先生は言います。

ライリーは言います。「ラグの端に座るのを思い出させてほしいです。それを忘れてアマンダと座ってしまうかもしれないから」。

ジェンキンス先生は微笑みました。「ええ、もちろんできますよ」。

フォローアップを計画する

「来週の火曜日にもう一度会って、それがうまくいったかどうか話し合いましょう」。2人での話を終わりにし、ジェンキンス先生

促進的会話を使った修復的会話　159

はクラスのみんながいるところに戻ります。「みんながどんなものを書いたか知るのが待ちきれません！　今からすべてのテーブルを見て回りますね」。

 事例

　ヘンリー・ツーは8年生の数学の先生です。彼は数学を教えるのが好きで、生徒が授業を楽しめるようにベストを尽くしています。新型コロナウイルスのパンデミックの影響で彼とその他の数学の教員は授業の補助として多くの動画を使い始めました。これは生徒たちが数学とのつながりを感じ、用語を理解するのにとても役に立っており、彼は生徒がこれまで以上に積極的に参加していると感じています。

　最近、ツー先生のクラスに他の学校からラシャドという名前の新入生が転校してきました。ラシャドは授業の内容についていくのに困っており、しばしば参加できていないようです。ツー先生は課題を行う時間を長くすることで助けようとしましたが、役に立っていないようです。

　ある日、動画を見てノートを取る課題を行っていた時、ラシャドは目に見えてイライラし始めました。彼は鉛筆を机に投げ捨て、ふんぞり返って座り、「こんな授業はクソだ！　大嫌いだ！」と叫びました。

　すぐにクラスのみんなはラシャドの方を振り向きます。ツー先生はその行動やあからさまに無礼な態度にショックを受け、ラシャドを廊下に出し、他の生徒には作業を続けるよう指示しました。

ツー先生にどんなアドバイスがありますか？ この学校の教師はどのようなサポートを必要としているでしょうか？

推奨と意味

一般的に推奨されることについて表を作ってみました。本モジュールがあなたに投げかけた、あなた自身の現場特有の意味や疑問を追加してください。

	推奨	現場特有の意味と疑問
全校	促進的会話について学ぶために読んだり実践したりしましょう。学校全体として促進的会話を最も活用できるのはどこか考えましょう。	
リーダー	生徒の対立を奪わないような手続きを発展させましょう。あなたの助力を得て教師が自分たち自身の促進的な会話を発展させられるようにサポートしましょう。	

促進的会話を使った修復的会話 161

	推奨	現場特有の意味と疑問
教師	バンキングタイムや2×10、促進的な会話が実行できる時間を見つけましょう。	
生徒	生徒に促進的な会話のシナリオ（話をする、生じた害を探るなど）について積極的に教え、その会話に参加する能力を構築しましょう。	
家族とコミュニティ	バンキングタイムの手続きを家族とも共有し、家でもその時間が取れるようにしましょう。	

 振り返り

　モジュールの最初に書いてある達成基準について振り返りましょう。自分自身に尋ねましょう。これらのことが今できますか？　以下に感想を書いてみてください。

私は促進的会話の構成要素を説明することができますか？	

私は生徒との「バンキングタイム」の利点を挙げ、関係構築アプローチにこれを実行する計画を立てることができますか？	
私は教室に促進的会話を組みこんで、その場での問題解決ができますか？	

訳注

1 読解力・言語能力・社会性・作文能力の向上を支援する物理的なエリアのこと。1人で自主的に、もしくは複数人で協力して学習できる教材を提供する。

2 教室内のカーペットなどに座り、様々な活動、ゲームなどをする時間。

3 1人で考えた後、パートナーと議論・相談し、その結果をクラスに共有する手法。生産的な話し合いを促進するために用いられる戦略の1つ。

4 テーマや質問に関する答えを個々に考え、その後、クラスメートとアイデアを共有する方法。参加意識を高め、注意を集中させ、内容の理解を促し、口頭でのコミュニケーション能力を養う戦略の1つ。

5 「うまくいっていることは何か」「強みは何か」など、価値を見つける質問を投げかけることで、人や組織の持っている強みやよいところを発見し、利用しながら目標を達成するアプローチ（https://mitsucari.com/blog/appreciative_inquiry/）。

6 walk the plank：危険または困難に立ち向かうこと。課題やテスト、罰のこと。

修復的サークル

信念の表明

修復的サークルは、正直な会話と関係の構築を通して、参加者たちに、葛藤解決、癒し、判断決定に関与することを可能にします。

ジレンマ

12月、ガルシア先生の幼稚園のクラスは、クラスの約束を守るために1年間頑張ってきました。

彼女のクラスの約束は……

私たちは、最善を尽くして頑張ります

私たちは親切に話し、助け合います

私たちは自分自身であることで愛され、大切にされます

私たちは、ウォーカー初等ウルヴァリンズ〔コミックのスーパーヒーローの名前〕です！

この2・3週間、ガルシア先生は、生徒たちが前より頻繁に、お互いの告げ口をするようになっていることに気づきました。先生は、その都度、その事態を取り扱い、今年の目標として頑張ってきた重要な価値と信念を促進するためのクラスの約束事に沿うように、生徒の行動と態度を戻すよう努力しました。しかし、この不快な傾向を変えられません。ガルシア先生は、さらにイライラしました。そうした告げ口の言い合いは、その日の学習機会をしばしば失わせてしまうためです。

ある日ガルシア先生は、休み時間の終わりに教室に行きました。生徒たちは先生に群がり、休み時間中に起きたことについて、それぞれが違う内容を互いに告げ口しました。圧倒されて先生は言いました。「はい、みなさん、全員話すのをやめて。誰が何を言っているかまったくわかりません」。しかし、生徒たちは、言いたいことがたくさんあって止まりません。先生は、みんなを静かにさせようと両手を上げて、さあどうしようと考えます。

ガルシア先生は、次に何をすべきですか？

　　よくある誤解

誤解1：修復的サークルは、懲罰を与えるような問題に対処するためだけに使われるべきです。

事実：修復的サークルは、代理教員から否定的な報告があった場合や、クラス全体がクラスや学校の期待に応えられていない例など、教室での問題に対処するために使用できるのは確かですが、肯定的な出来事や学問的な内容について話し合うことで、共同体を育む効果的な方法でもあります。

誤解2：修復的サークルは貴重な指導時間を奪いすぎます。

事実：サークルは、学問的な内容に応用することで、生徒の帰属意識と共同体を築くことに利用できます（例えば、「実験をした後、最も驚いたことは何ですか」、あるいは「情報を与えるテキストを読んだ後、その概念を理解するために重要だと思う単語は何ですか」など）。

誤解3：修復的サークルは、どんな問題行動にも対処できる最善の方法です。

事実：数人の生徒の間で起きた具体的な事件（例えば、害を加えた生徒と加えられた生徒がいる場合）については、影響を受けた生徒だけの間で修復的会議を開き、その事件に具体的に対処する方が適切である可能性が高いです。

誤解4：私の教室は、全員が実際の円の形になれるほど広くないから、サークルを実施するべきではありません。

事実：目標は、全員が輪になることです。そうすることで、すべての生徒が話し合う時に目に入り、話し合いに参加し、隠れていると感じることがなくなります。教室が完全な円形を組むのに十分な広さがない場合は、できる限りのことをするか、サークルを行う予定の話し合いに適した校内の別のスペースを使うことを検討します。

学習のねらい

- 私は、修復的サークルとその使い方について学んでいます。

達成基準

- 私はどのサークルでも一貫して使用される、3つの構成要素を挙げることができます。
- 私は修復的サークルの段階を説明し、適用することができます。
- 私は様々な種類のサークルを比較対照し、それぞれをどのような時に使うかを決めることができます。

自己評価

状況	できている	一部できている	できていない
サークルは教室でも教室以外でも使われます。			
サークルはコミュニティの構築と歓迎のために使われます。			
サークルは傷の回復や修復のために使われます。			
サークルの目的は、サークルを行う前に明示されます。			
修復的サークル、または害を修復するためのその他のサークルは、訓練を受けたスタッフ、管理者、またはスタッフによって合意されたその他の人物によって共同進行されます。			
生徒たちはサークルの価値を確立することに貢献しています。			
サークルイベントごとにサークルキーパーを決めます（スタッフでも学生でも可）。			
サークルキーパーは、一貫してサークルのガイドラインを述べます。			
サークルキーパーは、トーキング・ピース[1]を使って対話を始めます。			
サークルキーパーは、参加者全員が順番に発言する機会を提供します。			

出典：Illinois Balanced and Restorative Justice（日付不明）

修復的サークルの原則

修復的実践の他のどの側面よりも、修復的サークルは世界中の先住民文化に直接そのルーツを持っています。サークルは、コミュニティの対話の一形態として理解され、メンバーは中立的な環境の中で、すべての声を聞くことができます。ただ1人の指導者を置くのではなく、コミュニティは直接民主制の原則を実現し、合意形成、意思決定、自治を行うプラットフォームを提供します。修復的サークルの形式と手順について説明する前に、まずその主要な目的に焦点を当てましょう。修復的サークルの目的は以下のとおりです。

- 発言と選択を重視し、学習を保証する前向きな教室と学校文化に貢献します。
- 直接的、間接的を問わず、生徒が学業面や社会面で教室に影響を及ぼす問題や状況に対処できるよう支援します。
- 合意形成、意思決定、それを行動に移すための学級や学校コミュニティの能力を開発します。

> 修復的実践の他のどの側面よりも、
> 修復的サークルは、
> 世界中の先住民文化に
> 直接そのルーツを持っています。

修復的実践の他の側面と同様に、サークルは生徒だけに限定されるものではありません。大人たちも、適切な場合に専門家の学習コミュニティや学年や部門のミーティングにおいて、修復的サークルを使うことができ、また使うべきです。私たちが働いている学校では、サークルから毎日が始まります。教職員全員（70人以上）が輪になって立ち、3つの項目について話し合います。

- 今日のために何を知っておく必要がありますか？
- どのような生徒にスポットライトを当てて褒めたり、心配したりする必要がありますか？
- 文化構築のためのプロンプト〔刺激、促進〕として、毎日1人のスタッフがみんなの前で振り返りをします。

　朝のミーティングはわずか10分しかありませんが、その時間は毎日顔を合わせることで、組織は継続的に関係を大事にする文化作りに力を注ぐことができます。大人たちは毎朝顔を合わせることを知っているので、ミーティング後に短い会話を交わすことができます。このミーティングは、さらなる問題解決の場にもなっています。教師は、懸念する生徒に定期的に注目し、その生徒と関係がある他の職員と話した後で、その生徒と短いミーティングを行うこともあります。私たちが言いたいのは、単にあなたの学校でも朝のサークルミーティングを実施すべきだということではなく、サークルの多目的な性質は学校全体で使えるツールになるということです。

　生徒であれ大人であれ、修復的サークルには、各メンバーが守るべき合意事項があります。修復的サークルの開始時に、これらを確認することは有益です。これらのサークルの原則には以下が含まれますが、生徒が自分たちの言葉を持てるよう、生徒と共同で作成することをお勧めします。以下は、「Positive Behaviour for Learning（学習のための効果的行動）」（2014b）からの提案です。

- 秘密は守られます。
- 尊重の言葉を使います。
- 話すのはトーキング・ピースを持っている人だけです。
- 私たちは敬意を持って耳を傾けます。

修復的サークル　171

- 私たちは本心を話します。
- 私たちは解決策を重視します。
- 私たちは前向きな結果を求めます。

指示：モジュール3のクラスの合意のセクション（pp.102-105）を再確認します。修復的サークルの合意とクラスの合意の類似点は何ですか？　それぞれの独自の特徴は何ですか？　図表6.1のベン図にリストを書き始めました。引き続き特徴を記入してください。

図表6.1　修復的サークルの合意とクラスの合意

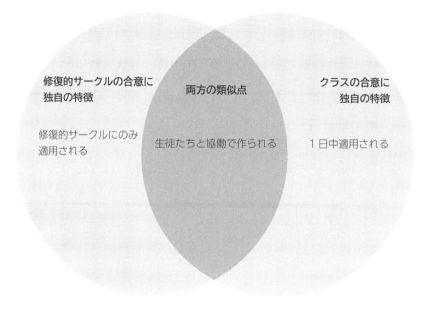

各サークルの要素

　必要とされるサークルのタイプにかかわらず、サークルの運営には一貫した3つの要素があります。これらは重要な考慮すべき点です。それらが利用できない場合は、サークルは延期されるべきです。これらは本当に重要であり、それぞれがサークルの成功に不可欠です。1つでも欠けると、サークルは成功しそうになく、参加者は、サークルは効果がないと考えるようになるかもしれません。

1．ミーティングスペース

　サークルと呼ばれるのには理由があります。その構造により、各人が他のすべての人を見ることができます。サークルには、始まりもなければ終わりもなく、上もなければ下もありません。もちろん、どの教室にも公式・非公式の力関係は存在しますが、サークルではすべてのメンバーが重要であり、大切にされていることを視覚的に示すものです。理想的なのは、輪を遮る机やその他のものがないことです。私たちはみんな家具に体を遮られなければ、弱みを見せ、互いにオープンになれます。教室では不可能なこともありますが、理想は椅子だけのサークルにすることです。場合によっては、輪の中心に象徴的なものを置き、参加者に輪の目的、合意、約束などを思い出させます。

2．トーキング・ピース

　その時間に誰が話しているかを示すために物を使うことは、話し手と聞き手に対する敬意を確保するのに役立ちます。サークルのメンバーに、話し手の邪魔をしないよう注意を促すのにも役立ちます。トーキング・ピースは人から人へと渡され、トーキング・ピースを持っている人だけが話すことができます。理想的には、トーキン

修復的サークル　　173

グ・ピースはグループにとって象徴的で意味のあるものです。サークルやクラス会の目的はコミュニティを築くことなので、トーキング・ピースをあなたやクラスにとって重要なものにすることは、体験を自分たちだけのものにする1つの方法です。例えば、サッカーが好きなクラスならミニサッカーボール、絵が好きなクラスなら絵筆などです。例えばグループで遠足をしたなら、遠足に関係するトーキング・ピースを使えば、その出来事を思い出させるものとなります。また、共通の価値観を表すマスコットやオブジェにすることもできます。加えて、トーキング・ピースは、サークルの目的、あなたやクラスの成長、興味の変化に応じて、時間の経過とともに変化させることができます。

これら3つの要素がなければそのサークルは延期されるべきです。

3．サークルキーパー

キーパーは会話を始め、会話を導きます。しかし、サークルキーパーは、サークルの合意を維持する以外には、他の人が話している時に口を挟むことはありません。サークルキーパーは、大人でも生徒でもかまいません。しかし、サークルキーパーはそのプロセスを見守りながらも、自分の役割を理解し、自分もサークルのメンバーであることを認識する必要があります。サークルが害に対処するために組織されている場合、サークルキーパーは害を受けた者の1人であってはなりません。被害がクラス内で広がっている場合、サークルキーパーは、他の教師、カウンセラー、学校のリーダーなど、クラス外の人物である必要があるかもしれません。サークルキーパーは、支援的で、偏見を持たず、聞き上手で、敬意を払い、親しみやすい人が理想的です。最も理想的なのは、サークルキーパーのトレーニングの機会が設けられており、セッションが年齢に応じた方法で生徒に提供されることです。

あなたは修復的サークルに参加したことがありますか？　これら３つの
ガイドラインには従いましたか？　もし従ったなら、それらはプロセス
にどのように貢献しましたか？　従わなかった場合、それらのガイドラ
インは、どのようにあなたが参加したプロセスを改善したでしょうか？

サークルミーティングの段階

　すでに述べたように、サークルが予定されるにはいくつもの理由
があります。しかし、今一度言っておきましょう。サークルは、問
題行動を扱うことに限られてはいません。サークルのタイプにかか
わらず、そのグループが進行する一般的な段階があります。そのグ
ループがサークルに慣れるにしたがって、それぞれの段階にかける
時間は短くなるでしょう。

段階１：グラウンディング

　最初の段階は導入です。これをグラウンディング〔土台作り〕ま
たはフォーカシングと呼ぶ人もいます。この最初の段階は、メン
バーをサークルに歓迎し、グループの期待を確立し、グループのメ
ンバーを確認することです。サークルの目的によって、これは短い
場合もあれば、より長い場合もあります。トーキング・ピースを使
用するのが初めての場合、この時点で紹介します。サークルキー

修復的サークル　175

パーは、参加者にこのサークルから何を得たいかを尋ねたり、会話の目的を確認したりします。この導入の段階で、参加者間の関係を深めるために時間を割くこともあります。関係を深める方法はいくつかありますが、この段階にどれだけの時間を割くかは、サークルの目的だけでなく、グループが互いをどれだけ知っているかにもよります。

段階2：ストーリーとそのインパクト

次の段階は、ストーリーとトピックのインパクトに焦点を当てます。ここでの会話は、サークルの目的や、議論されているトピックについて人々が経験したことに焦点を当て、深まっていきます。ここでは、参加者が自分のニーズや興味について話すこともあれば、思い出や経験に焦点を当てることもあります。目標は、参加者がその出来事、状況、またはトピックについて考えていることを表現する機会を確保することです。傷つけられたことがあれば、参加者はそれを表現します。お祝い事があれば、それを分かち合います。

段階3：癒しあるいは選択肢

その後、グループは癒しや選択肢に焦点を当てます。自分やグループが持っている強みについて話し合うこともあります。あるいは、起こるべき修復について話し合うこともあります。目標は、物事を正すもの、前向きな変化を生み出すもの、成功を認めるものに焦点を当てることです。グループが選択肢を探るうちに、行き詰まりが解消され、目の前の話題に対処するために、個人として、また集団としてできる行動があることに気づき始めるでしょう。

段階 4：合意形成

　最終段階は、合意形成と合意への到達です。サークルが、個人が取るべき行動に焦点を当てた場合、目標は参加者がその結果に納得できるようになることです。合意に達するには時間がかかりますが、サークルのメンバーがその決定を自分ごととして捉え、支持し、個人的に次のステップにコミットする可能性を高めます。サークルキーパーがグループの意向を確認する方法には、合意レベルシステムがあります。例えば：

　　1：その決定や行動に全面的に同意する。全面的に支持する。
　　2：その決定や行動を受け入れ、支持する。
　　3：その決断や行動には賛同できるが、全面的に支持することはできない。
　　4：決定や行動に全面的に同意するわけではないが、反対はしない。私はグループを信頼しているが、私がなぜ保留にするのか他のメンバーに理解してほしい。
　　5：私はその決定や行動に同意しないし、おそらくそれを阻止しようとするか、あるいは行動しないだろう。
　　6：合意には至っていないと思う。もっと話し合う時間が必要だ。

　各参加者が1から4の間のレベルを選択すると、コンセンサスに達します。3または4を選択した個人によって提起された懸念は、グループによって対処されるべきですが、行動と実行に移される可能性は高いです。メンバーの誰かが5または6を選択した場合、その時点ではコンセンサスに達していません。グルー

> 合意に達するには時間がかかりますが、サークルのメンバーがその決定を自分ごととして捉え、**支持**し、個人的に次の**ステップ**に**コミットする可能性**を高めます。

修復的サークル　177

プはもっと議論をする必要があり、そのためにはもっと時間を取る必要も生じますが、意見が分かれているゆえに、行動と実行は限られたものになることを知っておく必要があります。

あなたのサークルプラン

効果的なサークルに必要な要素がすべて揃っていることを確認するために、以下のプランニングガイドを使ってください。

側面	考慮事項	注意事項
セッティング	・ 物理的に円になっていますか？ ・ 参加者は互いを見ることができますか？	
トーキング・ピース	・ 見覚えのあるものですか？ ・ 新しいトーキング・ピースを導入する必要がありますか？	
サークルキーパー	・ 誰がプロセスを導くのですか？ ・ 必要であれば、誰がバックアップになりますか？	
ルールと約束事	・ ルールと約束事に慣れ親しんでいますか？ ・ 新たな規範や協定を策定する必要がありますか？ ・ それらはどのように共有され、また見直されますか？	
導入	・ 参加者はどのように歓迎されますか？ ・ サークルの目的はどのように作られますか？ ・ 関係構築の必要性はありますか？	

側面	考慮事項	注意事項
深化とインパクトの探索	・ 参加者がストーリーを話すには、どのような質問がなされますか？ ・ どのような質問をすれば、参加者は自分のインパクトを説明できるでしょうか？ ・ 誰がどのような影響を受けたのでしょうか？	
修復あるいは行為	・ 解決のためのアイデアやアクションはどのように共有されますか？ ・ 会話の中心はどのように癒しや前向きな変化に向かいますか？	
コンセンサス	・ コンセンサスが得られたことはどのようにしてわかりますか？ ・ コンセンサスが得られなかった場合、どのようなアクションが必要ですか？	

修復的サークルのタイプ

　あなたの教室でサークルやクラス会の使用を検討する際に、実施するための様々な戦略をいくつか紹介しましょう。

・連続サークル

　クラス全員で、部屋に１つの大きな輪を作ります。最初の導入や議論のための質問が共有された後、１人の生徒にトーキング・ピースが渡されます。その生徒が言いたいことを話し、輪を囲むすべての生徒が話し終えるまで、それぞれの参加者はトーキング・ピースを隣の生徒に渡します。話さずにトーキング・ピースを渡す生徒も

修復的サークル　　179

いますが、通常は全員が答えます。

・非連続サークル

　クラス全員で、部屋に1つの大きな輪を作ります。最初の導入や議論のための質問が共有された後、1人の生徒がトーキング・ピースを持ち、自分の言いたいことを話し始めます。トーキング・ピースは、生徒の自発的な発言に応じて、輪の中のどこにでも移動します。よいやり方は、話し手が話し終わったら、トーキング・ピースを円の中央に戻すことです。次に発言する人は、ディスカッションを続けるために中央からトーキング・ピースを取ります。こうすることで、最後の発言者が次に発言したい人を尋ねて気まずい感じにならずに済み、代わりにグループ全体に責任を移すことができます。

・インサイド・アウトサイド・サークル

　クラスを2つのグループに分けます。生徒たちは2つの円を作り、一方を他方の内側に入れ、2つの円を向かい合わせにします。最初の導入や議論のための質問が共有された後、向かい合った生徒のペアがそれぞれ討論します。話し合いが終わると、外側の円は静止したまま、内側の円は1人ずつ右に移動して、各生徒に新しい話し合いの相手を与えます。このローテーションは、議論しているトピックや多くの人と話す必要性に応じて続けます。

・フィッシュボウル〔金魚鉢〕サークル

　教室に1つの大きな円を作ります。少人数の生徒が円の中心に移動し、討論に入ります。通常、討論は問題解決の場面で行われますが、クラスのニーズや学習の機会に応じて、焦点を変えることができます。必要に応じて他の生徒が参加できるように、金魚鉢の中に

180

空の椅子を置きます。大きな輪にいる生徒は、話し合いのオブザーバーとなります。適切な場合、オブザーバーは意見や観察、アイデアを提供します。

あなたの生徒は、これらの種類のサークルに参加した経験がありますか？ 当てはまるものすべてにチェックを入れてください。

サークルタイプ	経験なし	教科学習で体験あり	社会的・感情的学習で体験あり
連続サークル			
非連続サークル			
インサイド・アウトサイド			
フィッシュボウル〔金魚鉢〕			

サークルを実践する機会は、どこにありますか？ あなたは他の人に何を教えることができますか？

修復的サークル　181

修復的サークルを学校生活に編み込む

　修復的サークルは、生徒が他のメンバーに対して持つ信頼とプロセス自体に依っています。私たちは、問題が起きた時だけ修復的サークルを使うのは誤りだと早くから学びました。生徒たちが椅子を丸く並べてと言われたら、何かよくないことが起きているからだと理解するのに時間はかからなかったからです。

　実際、ある日サークルをやろうとすると、ある生徒が、何が問題かも知らないままに「あーあ、誰がやらかしたの？」と尋ねたことがありました。その生徒は言いました。「サークル飛ばして、さっさと終わらせよう」。これではいけません。

　修復的サークルは、一日の始まりや授業開始時に、簡単な質問や促しを通してチェックインし、生徒の様子を確認するために積極的に使いましょう。質問は、「今週の自分自身の目標は何ですか？」のような学校生活に直接関係するものでもよいし、「落ち込んでいる時でも、幸せな気持ちになれるように考えたり、したりすることは何ですか？」のような一般的なものでもかまいません。これは、サークルが日常的に、感情的に安全使用されていることを示すものです。また、サークルの合意とルーティンのリハーサル練習にもなります。

> 修復的サークルは、
> 生徒が他のメンバーに対して
> 持つ信頼とプロセス自体に
> 依っています。

　修復的サークルは、クラスや学校、世界で起こったことについて話し合う場を提供します。例えば、修復的サークルは、自然災害の後、学校に戻ってくる生徒をサポートするためにも使うことができます。2019年にカリフォルニア州で発生し、地域社会を破壊した壊滅的な大火災の余波の中で、カリフォルニア州教職員組合（CTA）は、学校が再開した際に教育者が修復的サークルを使用

するためのツールキットを開発しました。彼らはサークルキーパーに、まず以下のように言って修復的サークルを始めることを勧めました。

> 火災は私たち全員にインパクトを与えました。様々な感情や反応があるのは普通のことです。恐怖、怒り、罪悪感、ショック、安堵を感じる人もいるでしょう。これらの感情は変化するかもしれないし、しばらく続くかもしれません。この学校が安全な場所であること、そしてすべての教師がみなさんのためにここにいることを知ってほしいと思います。今日から数週間、私たちはお互いを支え合い、起こったことについて話し合う時間を取ります。(CTA, 2019)

彼らは、このような修復的サークルの議論のきっかけとして、次のような質問をすることを推奨しています。

- それはあなたにとってどのようなものでしたか？
- 自分自身のケアはどうしていますか？
- どのように他人の世話をしてきましたか？
- 支援者をどこで見ましたか？
- 私たちはどのようにサポートし合えますか？
- 災害時、あるいは災害後、家族をどのように助けましたか？
- もし自分が被災したら、どのように家族を助けることができるでしょうか？
- 災害のおかげで、何かよいことやポジティブなことが起きましたか？
- 災害によって何か学びましたか？
- その経験で何に感謝しましたか？

修復的サークル　183

生徒が学問的な内容を学ぶ準備ができているためには、まず、学校に持ち込んでいる感情、懸念、恐怖に対処する必要があるため、こうした質問は特に重要です。場合によっては、生徒がサークルの中で自由に会話できるように、教師が外部のファシリテーターを導入する必要があることを覚えておいてください。これは、教師が議論されている状況に近すぎたり、公平なファシリテーターとして活動できなかったりする場合に特に重要です。

　修復的サークルは、学問的な目的をサポートするために積極的に使うこともできます。例えば、中学校の社会科の授業で修復的サークルを行う前に、教師がこう言うかもしれません。「読み終わったら、あなたにとって最も重要だと思うフレーズや文章に丸をつけてください。連続サークルで、気づいたことを話し合います」。読み終わった後、生徒たちは自分が選んだフレーズを共有し、全員の意見を聞くことができるようにします。生徒たちは、同じ、あるいは似たような重要なフレーズを共有した他の生徒と、思いがけないつながりを持つこともあります。その後、教師は非連続的なサークルに移り、次のような促しの質問を使いながら、より深いディスカッションに導きます。

- なぜサムライは日本文化で尊敬されたのでしょうか？
- 武士は何を重んじたのでしょうか？
- 彼らが理想的な武士に欠かせないと考えた特性とは何でしょう？
- サムライ文化から取り残されたのは誰でしょう？　それはなぜでしょう？

　どのタイプのサークルを選ぶにせよ、留意すべき重要な点を以下に挙げます。

- 質問やディスカッションの導入の仕方は戦略的に行いましょう。一言で済ませることのないよう、具体的に質問することが大切です。
- 質問に対して生徒がどう回答するかを敏感に察知します。例えば、「週末にしたことを1つ教えてください」という質問は、コミュニティ作りに役立つ一般的な質問のように思えるかもしれません。しかし、生徒の中には、週末を楽しく過ごせなかったり、共有するのが難しい経験（例えば、収監されている家族と面会）をしたりした生徒もいるかもしれないので、その経験を強調するのは苦痛を伴うかもしれませんし、どのように答えるべきか準備ができていないかもしれません。
- 修復的サークルで使えるよう、幅広い質問を用意しておきます。これは、あなたが投げかけた質問が平板なものになってしまった場合、またはこの方法を頻繁に使用する場合、話し合いを新鮮なものに保つために重要です。質問の焦点は次のとおりです。社会性と感情に関するトピック、コミュニティ形成に関するトピック、学業に焦点を当てたトピックなど。

修復的サークルでの行動を管理する

ほとんどの生徒が修復的サークルのリズムにうまく適応していきますが、問題行動が生じることもあります。このような場合、非言語的な合図で簡単に対処できます。お勧めは、グループのどのメンバーでもいつでも使える簡単な手の合図を1つ教えることです（Positive Behaviour for Learning, 2014b）。

- 次に話すことに関心があるのを示すためには、**手を挙げます。**
- 発言者または発言者以外の者の言動が合意に反することを示す

修復的サークル　185

ためには**手を挙げます**。

　もし生徒が手を挙げず、かつ勝手に話し続けるようであれば、サークルキーパーはそのプロセスを一時中断し、その生徒に対して合意事項を思い出させ、それを守れるかどうか尋ねます。生徒が「守れない」と答えた場合は、サークルから出るように促し、大人に学校の別の場所までつき添ってもらいます。つき添いの大人は、可能であれば、生徒をサークルに戻すことを目標に、促進的会話をします。

ジレンマ：第2幕

　ガルシア先生は、余計な告げ口が生徒たちの学習意欲をそぎ、また、生徒たちがクラス合意の信念と価値観という自分たちの目標に向かって努力することを妨げていることに気づきました。生徒たちは修復的サークルを何度も経験していたので、今すぐ集まっても新しい動きは起こらなさそうです。教室に戻るとすぐに、先生は生徒たちに10分間、自主的に読書をするように促すことで、集団のエネルギーを発散させ、その間に修復的サークルの計画を立てます。彼女は、学校が使っている計画ツールの一部を使いながら、やれることを書き込みました。

導入	・ 参加者はどのように歓迎されますか？ ・ サークルの目的はどのように作られますか？ ・ 関係構築の必要性はありますか？	・ クラスの合意を再確認します。 ・ 「起きたことについて私に話す方がよい時があることを知っています。しかし、別の時にはそれが一緒にやっていくのに邪魔になることもあります。私たちはこれから、いつ、誰かに話すのかどうすればわかるのか、について話し合います」。

		• 目的：私たちは、「互いに親切な言葉を使い、助け合う」という約束を果たせていますか？
深化とインパクトの探索	• 参加者がストーリーを話すには、どのような質問がなされますか？ • どのような質問をすれば、参加者は自分のインパクトを説明できるでしょうか？ • 誰がどのような影響を受けたのでしょうか？	• 「他の人が言ったり、したりしたことを、大人に言うのがよいのはどんな時ですか？」 • 「誰かがあなたについて大人に話していたらどんな気持ちですか？」 • 「あなたが大人に話している時はどんな気持ちですか？」 • 「他の人が言ったことやしたことについて、大人に言うことが悪い理由はありますか？」 • 「大人に話すということが悪意のある動機で起こった場合、人々はどのように傷つくのでしょうか？　どのように私たちの学習を難しくするのでしょうか？」
修復あるいは行為	• 解決のためのアイデアやアクションはどのように共有されますか？ • 会話の中心はどのように癒しや前向きな変化に向かうのですか？	• 「誰かが言ったこと、したことを大人に話すのがとてもよい場合のリストを作りましょう」。 • 「誰かが言ったり、したりしたことを大人に話すのが悪い場合のリストを作りましょう」。 • 「大人に言う正当な理由がない時に、私たちが別のやり方で問題解決できるか方法を考えましょう」。

修復的サークル　187

コンセンサス	・コンセンサスが得られたのはどのようにしてわかりますか？ ・コンセンサスが得られなかった場合、どのようなアクションが必要ですか？	・今日はコンセンサスに達しないかもしれません。アクションを起こすために、明日もクラスミーティングを続ける必要があるかもしれません。

　ガルシア先生は自分のプランについてメモを取った後、生徒たちを輪になって座らせます。学校のロゴが刺繍されたぬいぐるみをトーキング・ピースとして使い、「ウォーカー初等ウルヴァリンズのように考えることを思い出させ」ました。それから25分間、サークルキーパーのガルシア先生がメモした質問を使って議論を進めながら、生徒たちは目の前の問題について話し合いました。ガルシア先生は、彼らが作成した、話すことの良い理由と悪い理由についてのTチャート[2]にとても満足しています。しかし、問題を別の方法で解決する手段を考えなければいけなくなると、彼らはよりソワソワしてきます。「それは驚くようなことではありません」と彼女は後で言いました。「彼らは5歳で、これは大きなトピックなのです」。

　翌日、ガルシア先生は、*Talk and Work It Out*（話し合って解決しよう）(Meiners, 2005) を読んで、合意を得ることについての問いに、再び生徒たちを参加させることにしました。「今週は何度も話し合いをすることになりそうですが、週明けには新しい動きができあがると期待しています」とガルシア先生は言います。

 事例

　アルトゥーロ・エルナンデス先生の幾何学の授業では、多角形を

記述する二次方程式と不等式系を使って、拡張多角形の縮尺係数を勉強してきました。金曜日に単元テストがありますが、エルナンデス先生はこの内容が多くの生徒にとって難しいものであり、かつ、次の単元の理解度は現在の内容をしっかりと理解できているかに大きく依存していることも知っています。1週間の計画を立て、テストに備える生徒をサポートするため、彼は月曜日にクラスサークルを実施することに決めました。彼は、連続サークルを使用し、以下の質問を含めることを計画しています。

- 金曜日に行われるテストに向けて、あなたが自信を持っていることは何ですか？
- あなたがわからないと感じていること、もっと勉強が必要だと感じていることは何ですか？

エルナンデス先生は、生徒が共有した内容をもとに、今週の指導を行う予定です。生徒のニーズを最大限に満たし、金曜のテストに自信を持たせるため、生徒の意見を参考に小グループを作り、週を通して再教育と復習を行う予定です。

月曜日に行った3つの幾何学の授業では、サークルのために授業時間の半分以上を使うことになり、エルナンデス先生の予想以上に長くなりました。しかし、生徒たちは自信のあるところと不明なところについて、非常に率直な会話を交わしました。何人かの生徒は、自分がよく理解していると感じていて、クラスの他の人が苦手だと感じているトピックについて、手助けをすることもありました。

修復的サークル　　189

> エルナンデス先生は、実際の教科指導「そのものにはとりかかっていなかった」にもかかわらず、授業時間を賢く使ったと思いますか？　その理由は？

 ## 推奨と意味

一般的な推奨事項を表にまとめました。このモジュールがあなたにとって刺激となった、あなた自身の現場固有の意味合いや質問を追加してください。

	一般的推奨	現場特有の意味と疑問
全校	修復的サークルについて知り、知識と能力を高めるための資源や専門的な学習の機会を挙げます。	
リーダー	修復的サークルをリードできるスタッフを挙げ、訓練します。	
教師	教室で学業と社会性と情動の学習に修復的サークルを活用する機会を挙げます。	

	一般的推奨	現場特有の意味と疑問
生徒	負担の小さいサークルを生徒に教え、形式に慣れさせます。共同作業で合意書を作成します。	
家族とコミュニティ	修復的サークルの目的を紹介し、コミュニティミーティングで使い方のモデルを示します。	

振り返り

モジュールの最初に書いてある達成基準について振り返りましょう。自分自身に尋ねましょう。これらのことが今できますか？ あなたの考えを書いてみてください。

すべてのサークルで一貫して使われる3つの構成要素を挙げることができますか？	
修復的サークルの段階を説明し、適用できますか？	
様々なタイプのサークルを比較し、対照して、いつ、どれを使うか決められますか？	

修復的サークル 191

訳注

1 話す人が手に持つもの。サークルの中で今現在、誰に話す権利があるか・誰の順番かを視覚的に示すもの。棒や人形など何でもよい。

2 思考を整理する表。十字の線を引いた左側と右側に、整理した考えを記録する。

MODULE 7

正式な修復的会議と被害者・加害者対話

信念の表明

重大な危害が発生した時、学校職員はその事件を処理し対処するための手順を必要とします。
これらの手順は、被害者のニーズを満たすと同時に、危害を生み出した人にとって学習する機会となるように計画するべきです。

ジレンマ

メイソンは4年生で、休み時間の終わりにスポーツ用具を集めて片づける役割を担っています。メイソンが通う学校では、生徒間で片づけ当番が順番に回ってくることになっています。ある日の休み時間の終わり、5年生の生徒がメイソンに近づき、彼からバスケットボールを取り上げようとしました。休み時間は終わったし、ルールだからということでメイソンはボールを渡さず、結果的に激しい口論となります。喧嘩相手であるフィンリーは、「今日の帰りにボコボコにしてやる」と脅しました。

教師は口論を見ていましたが、何を言っているかは聞こえていませんでした。校長は調査をしてフィンリーが悪いと結論づけ、休憩時間中の口論の結果として休憩時間なしというルールをフィンリーに示しました。そのためフィンリーは次の週、休憩時間の間、絵を描くことと本を読むことしか許されていない「休憩なし部屋」に送られることになります。

休憩時間にフィンリーがいない日を何日か過ごすうちに、メイソンはフィンリーが帰ってきたら何か起こるかもしれないと心配になってきました。メイソンはフィンリーが自分を責め、また新しい口論が起こるのではないかと心配し、教師に「フィンリーはいつ出てくるの」と尋ねます。両親からはすべてうまくいくから安心するよう言われたにもかかわらず、メイソンはフィンリーが「釈放」される日をカウントダウンしています。

翌週、フィンリーは他の生徒たちと一緒に休み時間に戻ってきます。フィンリーと友人たちはメイソンを角に追い詰めますが、教師はそのやりとりを見ており、大きなトラブルになる前に終わらせました。メイソンは、フィンリーが彼に「気をつけた方がいいぞ。必ず仕返ししてやる」と言ったと訴えますが、フィンリーはメイソンに謝ろうとしたのだと話します。大人たちはどちらが正しいかわからなかったので、2人は教室に戻されました。

放課後、メイソンは走って家に帰ります。その後数日間、彼は胃痛や頭痛を訴えて学校に行くのを拒否、学校に戻った時には、メイソンはみんなと一緒に休憩時間を過ごすことを拒否しました。強制的に教室に連れられても、メイソンはずっと大人の横にいます。他の生徒たちは彼をののしり、弱虫だと言い始めます。

学校はこの状況に対してどのような別の対処ができたでしょうか？

 よくある誤解

誤解1：罰は行動を変える最良の方法です。

事実：ほとんどの生徒は罰を与えても、永続的に変化する形では反応しません。真の変化とは、彼らにとって最も重要な関係を持つ人たちや選択・行動の影響を受ける人たちの前で、自らの選択・行動に責任を持つことから生まれます。孤立への恐怖、学校やクラスへの所属感を失わせる、重要な人の信頼／関係性を失わせるといったことは、どんな結果よりも大きな悪影響を及ぼします。

誤解2：管理職のみが修復的会議に参加するものです。

事実：管理職はすべての修復的会議に参加する可能性が高いですが、生徒の家族や、その他の重要な大人（例：生徒がスポーツをしていればそのコーチ、生徒が生徒会に入っていれば生徒管理アドバイザー、関係する教師やスタッフメンバー）も含むことができます（もしくは、含まれるべきです）。

誤解3：ほとんどの事件では、関係者全員が解決に向かう手助けをするため、修復的会議に直行するのが適切です。

事実：修復的会議はその開催までに多大な時間と労力を要します。修復的会議は最終手段であり、許容できない重大な違反が起きた場合はすぐに実行されるかもしれませんが、多くの場合、感情の言葉を話し合う促進的会話や状況の根っこを見つけ、最善の参加者を見つけ、解決を見出すための修復的サークルから始める方が適切です。事前にそういう作業が行われたことによって、修復的会議が不要になることさえもあります。

誤解4：修復的会議は、出来事があった後すぐに（例：30分後、次の日）行うべきです。

事実：出来事から会議までの時間が長すぎないことは重要です。しかし、もっと重要なのは出来事を処理し、必要ならば落ち着くことができ、会話を最も効果的にするために、誰が参加することが必要不可欠かを考える時間を持つことです。例えば、出来事の話し合いに親が主要な構成要素だと思うなら、出張中の親が帰ってくるまで待つ必要があるかもしれません。

誤解5：私は修復的な考え方を持っています。修復的会議をファシリテートするのに必要なのはそれだけで十分です。

事実：正式な修復的会議はより大きな事件が起きた時のためのものであり、訓練を受けることは重要です。正式な修復的会議をファシリテートする人たちは、どうやってそれを行うか研修を受ける必要があります。しかし、あなたの修復的な考え方は、あなたが参加者になる時には重要な役割を果たします。

学習のねらい

- 私は深刻な害に対処するための、リスクも成果も高い修復的会議について学びます。
- 私は害後の結果[1]と説明責任について学びます。

達成基準

- 私は修復的会議で個人が果たす様々な役割について説明できます。
- 私は自分が参加する方法を挙げることができます。
- 私は説明責任、結果、変容が生じうる方法を説明できます。
- 私はリエントリー〔再登校〕のための会話や行動に参加できます。

MODULE 7

自己評価

指示：他のモジュールとは異なり、修復的会議と被害者・加害者対話セッションは、より高度なトレーニングを受け、経験値を持つ人によってファシリテートされます。重要なのは、こうしたリスクも報酬も大きい会話の成功は、修復的文化が効果的に適用されているかということや、教師や職員が生徒と行っている日常のやりとり・生徒同士のやりとりにかかっています。この自己評価では、学校での生徒と職員の経験を振り返ります。

条件	ある	一部ある	ない
学校職員が修復的実践の知識を広げるための専門的な学習機会が定期的にあります。			
学校職員は、学習や社会的な成功を邪魔する行動とは何か、明確な定義を持っています。			

正式な修復的会議と被害者・加害者対話

条件	ある	一部ある	ない
学校職員は、教室内でのどの行動が教室基盤の修復的実践によって管理でき、どの行動が事務室管理で管理されるかについて同意しており、それが書面化されています。			
修復的実践に関する書面化されたオリエンテーション情報は、生徒とやりとりをするすべてのボランティア、代用教員、客員教員が利用できます。			
サークルは教室内で定期的に実施されています。			
学校職員はどのタイプ・どの深刻度の教室内の事件が教師単独で対処でき、どの行動がサークルの協働進行が必要かについて同意しており、それが書面化されています。			
学校職員は、合意された状況に応じて、インフォーマルな修復的会話を利用します。			
学校職員は、合意された状況に応じて、インフォーマルな修復的会議を利用します。			
修復的会議のフォローアップ会議の過程が定義されています。			
フォローアップ会議では参加者全員に合意事項が守られているかを確認し、最初の会議以降に生じた事柄について話し合います。			
学校チームは少なくとも四半期に1回は、修復的実践の遵守度（fidelity）を査定します。			
学校チームは少なくとも四半期に1回は結果データ（停学、出席、修復的実践調査、環境調査など）を再調査します。			

正式な修復的会議と被害者・加害者対話についての原則と研究

　正式な修復的会議は多くの注目を集めますが、実際には、前のモジュールで説明した感情の言葉、促進的会話、修復的サークルよりもその開催頻度はかなり低いです。正式な修復的会議は、修復的司法の影響を反映し、大きな身体的、心理的、情緒的危害を引き起こした深刻な犯罪のために設けられています。こうした場合の多くは、その地区や州で定められた法令の違反を含むため、違反の性質によっては、司法機関が関与することもありえます。

　深刻な違反に対処した場合は、どちらか1つを選ぶような決定が必要だという根強い神話があります。言い換えれば、正式な修復的会議に参加するか、退学処分で追放するかといった二択のことです。ある時、学校の修復的正義に関心があると言って訪問してきた人が、共著者であるドミニクにこう言ったそうです。「私は『犯罪者を抱きしめる』プログラム[2]を見に来ました」と。この発言は、私たちが耳にしたことのある言葉の中で最も不快なものであり、修復的実践に関する重大な誤解と同時に、その言葉を発した人の人柄についても多くを物語っています。重大な違反にはしばしば懲罰が必要となることがあります。しかし罰だけで行動は変わりません。それが、心理学者、行動の専門家、犯罪司法のエキスパートたちが、罰と教育の強化を組み合わせている理由です。

> 正式な修復的会議を
> ファシリテートする人たちは、
> どうやってそれを行うか
> 研修を受ける必要があります。

　国連薬物犯罪事務所（UNODC）は、次の2つの条件が満たされる場合に、修復的アプローチの一環としての正式な修復的会議の開催を支持しています。

1. 加害者が、事件に関する責任を認めるか、否定はしていない状態でなければならない。
2. 被害者と加害者の双方に参加する意思がなければならない。
3. 被害者と加害者の双方がそのプロセスへの参加を安全であると感じていなければならない。

　正式な修復的会議の目的は、責任を比較検討することではありません。誰に過失があるかを決めるために状況を評価する討論会でもありません。起きた出来事に対する公的な処分決定は、学区による手続きを使って、もしくは適切なら刑事司法システムによって事前に行われます。しかし、正式な修復的会議はその決定が下された後に付加的に行うことができます。

　重大な害を引き起こした出来事への対応の一環として、正式な修復的会議を使うことには正当な理由があります。最も強力な根拠は、黒人・先住民・有色人種の若者に否定的な影響を与える「学校から刑務所へのパイプライン」に対抗するということでしょう（Darby, 2021; Fronius et al., 2019）。はっきり言って、刑事司法システムの関与が必要になる事件が多くはなくても、発生した事案が学校コミュニティ全体に与える影響は重大です。強調しますが、修復的会議は、被害者と加害者が害の影響に対処し、それぞれが終結を手に入れる機会を与えることです（図表 7.1）。

　学校においては、正式な修復的会議はあまり一般的ではありませんが、開催することはあります。このモジュールの残りでは、刑事司法システムが関与しないものの、コミュニティには重大な影響を与えた事件に限定して議論していきます。地方の法執行機関と少年司法制度には、修復的司法を正式に実施していく独自の手続きがありますが、それについて記述することはこの本の範疇を超えています。住んでいる地域の取り組みの詳細については、地元の少年司法

機関や地域の人に聞いてみてください。

図表 7.1　修復的正義プログラムが持つ一般的な特質

被害者は以下の機会を与えられます：	加害者は以下の機会を与えられます：
・ 状況の解決と加害による結果への対処に直接関与する ・ 犯罪と犯罪者についての疑問に回答を受け取る ・ 犯罪の影響について自分自身で伝える ・ 補償金や賠償金を受け取る ・ 謝罪を受ける ・ それが適切な場合、加害者との関係を修復する ・ 終結に達する	・ 犯罪の責任を認識し、加害が被害者に与えた影響を理解する ・ 加害についての感情（後悔も含む）を示す ・ 被害者または自分や、それぞれの家族に生じた害を修復するためのサポートを受ける ・ 補償／賠償を行う ・ 被害者に謝罪する ・ それが適切な場合、被害者との関係を修復する ・ 終結に達する

出典：国連薬物犯罪事務所（United Nations Office on Drugs and Crime, 2006）。

> モジュール 1 での自分の文章を見直してみてください。そこではあなたが被害者として／加害者としての自分の経験を振り返りました（pp.38-40）。あなたの考えはどのように進化しましたか？　何が変わっていませんか？

正式な修復的会議と被害者・加害者対話　201

学校を基盤とした正式な修復的会議

　学校を基盤とした正式な修復的会議を行うに至る深刻な違反のいくつかは、未成年者飲酒、いじめ、ネットいじめ、深刻なけがは負っていない喧嘩など、学校が独自に対処する裁量権があるグレーゾーンに該当するものがあります。遅刻や不登校の問題、喫煙、学校の倫理規定への違反などは、完全に学校の管轄下にあります。

　これらの会議を行う時は国連で示されたものと同じ信条に従います。

- 加害者は出来事の責任を受け入れているか、否認していない。
- 被害者と加害者は自発的にその会議に参加することに同意している。
- それを行うことに両者とも安全感を持てている。

　学校を基盤とした正式な修復的会議の目標は、生徒が自分たちの行為・選択・行動に主体性を持ち、それらの行為・選択・行動が自分たち自身に与える影響を理解できるようにするのを助けることです。修復的作業をより効果的に行うには、たとえそれが難しく、心地よくない場合でも、先生であるあなたがこれらの話題について積極的に生徒と話し合い、若者がその出来事から成長し学び取ることを支えるための解決策を導き出す必要があります。

　他の正式な修復的会議と同様、ファシリテーターはその実施に関する訓練を受けている必要があります。学校で管理職に就いているとかカウンセラーであるなどの条件では

> 学校を基盤とした正式な修復的会議の目標は、生徒が自分たちの行為・選択・行動に主体性を持ち、それらの行為・選択・行動が自分たち自身に与える影響を理解できるようにするのを助けることです。

十分ではありません。集中的な専門的能力開発や本を読むことなしに、これらの領域に足を踏み入れないことをお勧めします。しかし、私たちはこれらの会議がどのようなものなのかについての情報をここでお伝えしたいと思っています。

　学校を基盤とした正式な修復的会議の枠組みの中であっても、ケースバイケースで考えなければならない慣習があります。リスクも報酬も大きい例から挙げてみましょう。こうした事例では、被害者と加害者は彼らの影響を明確に説明できるよう支援者を同伴するように言われます。支援者にはケースについて議論するためではなく、害がどのようにして起こったかについて視点を深めるために来てもらいます。図表7.2の計画ツールは、会議が「行ったり来たり」のスパイラルに陥らないようにするためのガイドとして機能します。

図表7.2　学校を基盤とした正式な修復的会議のための計画ツール

段階	脚本	メモ
導入	ようこそ。私は（あなたの名前）です。私はこの会議のファシリテーターを務めます。それぞれ自己紹介をして、この部屋にいる他の人との関係を教えていただけますか？	
場作り	みなさん、ここに来てくださってありがとうございます。この件は難しいことは理解していますが、みなさんがここにいてくれることで、この状況（もしくは事件）に対処する助けになってくださると思っています。これは、全員で、起きてしまった害の修復に参加できる機会です。	
	この会議は、起きた事件（日付、状況、出来事の性質について共有するが、詳細は控える）に焦点を当てます。	
	私たちは、（加害者の名前）さんが何をして、それが他の人にどんな影響を与えたかに焦点を当てることが重要です。彼らが良いか悪いかを決めるためにここにいるのではありません。人々がどんな影響を受けたかに焦点を当て、起こった害を修復するための作業に取り組みたいと思っています。このことについてみなさんは理解し、同意していただけますか？	

段階	脚本	メモ
場作り	（加害者の名前）さんは、事件に関与したことを認めています。有罪か無罪かを決めるためにここにいるわけではありません。	
	加害者に向けて：あなたはこの会議に無理に参加する必要はありません。いつでも出ていくことができます。もしそうしたら、管理職チームが対応方針の意思決定をします。	
	全員に向けて：みなさんもこの会議に無理に参加する必要はありません。いつでも出ていくことができます。もしそうしたら、私たちが害への対処を続け、いくつかの決定に達するよう努めます。	
加害者	（加害者の名前）さんから始めましょう。もし1人以上の場合は、以下の質問にそれぞれが回答します。 • 何が起きましたか？ • その時、何を考えていましたか？ • その事件以来何を考えていましたか？ • あなたの行動で影響を受けた人は誰だと思いますか？ • 彼らはどのような影響を受けたと思いますか？	
被害者	（被害者の名前）さんから始めましょう。もし1人以上の場合は、以下の質問にそれぞれが回答します。 • その事件の時、あなたはどんな反応をしましたか？ • 起きたことについてどう感じていますか？ • あなたにとって最も大変なことは何ですか？ • 事件について聞いた時、家族や友達はどんな反応をしましたか？	
被害者サポーター	それぞれのサポーターは以下の質問に答えます。 • この事件を聞いた時、何を考えましたか？ • 起きたことについてどう感じていますか？ • あなたにとって最も大変なことは何ですか？ • 何が主要な問題だと思いますか？	

段階	脚本	メモ
加害者サポーター	養育者に向けて：今回のことはあなたにとって大変だったことでしょう。このことについて何を私たちに伝えたいですか？	
	すべての加害者サポーターは以下の質問に答えます。 ・ この事件を聞いた時、何を考えましたか？ ・ 起きたことについてどう感じていますか？ ・ あなたにとって最も大変なことは何ですか？ ・ 何が主要な問題だと思いますか？	
加害者	今ここで言っておきたいことはありますか？	
ニーズを特定する	被害者に向けて尋ねます：今日の会議に何を望みますか？	
	次の提案に進む前にそれぞれの提案に反応するよう加害者を促します。	
	(合意形成が進んだら、各項目を明確にしていきます。詳細、期限、フォローアップについて書面に記載します)	
合意形成	(合意事項が確定し、会議が終了し始めてきたら) 私たちの合意を確定させる前に、内容が正しく記録されているか確認したいと思います。決めたことについて漏れがないように確認したいと思っています。 (合意を読み上げ、承認しているか確認する)	
終結	この会議を終了する前に、みなさんに最後の発言の機会を設けたいと思います。何か言いたいことがありますか？	
	今日はご協力いただきありがとうございました。私たちは困難な状況に直面していますが、多くの問題を解決することができています。お互いをサポートしてきたことを祝福します。合意書を作成するまでの間、軽食を取ってください。	

出典：Wachtel et al. (2010). Copyright ©International Institute for Restorative Practices. 許可を得て一部変更して引用。

正式な修復的会議と被害者・加害者対話　205

学校を基盤とする正式な会議：学校でのアルコール摂取

　エメリーは 11 年生〔日本では高校 2 年生〕として新しい学校に入学します。最初の 1 週間を通して、生徒は学年ごとにグループ分けされ、文化構築活動や学力スクリーニングテスト、インターンシップへの登録、その他 ID カードの取得、機器や本への名前書き、生徒会と協力して毎年作成されている学生ハンドブックに目を通すなど、様々な課題を順番にこなしていきます。グループは 1 週間一緒に過ごし、各グループには指導教員がつきます。最初の週の最終日には、チームビルディング活動の一環として公園に行きます。そのチームビルディング活動によるポイントを競い合います。

　その週の目標は、学校の文化を再構築し、期待を確立し、事前の学業的サポートが必要な学生を見つけることです。しかしこれらの作業は、次に起こる事件の前ぶれにすぎませんでした。文化構築の日、エメリーは酔っぱらいました。酒の瓶をバスの中に持ち込み、公衆トイレに行ってそれを飲んでいたのです。彼の先生は彼の行動とアルコール臭い息からそれに気づきました。校長に連絡が行き、校長はエメリーと会うことになります。エメリーは飲酒を認め、つまずき、ろれつが回らなくなっています。校長は、彼の継母に、仕事を抜けて公園に迎えに来てくれるように連絡します。エメリーの継母が到着し、彼女は家に子どもを連れて帰りました。明らかに、飲酒している人と修復的会議をするのは意味がないからです。

　翌月曜日、エメリーの指導教員とグループの何人か、生徒会会長、校長、エメリー、エメリーの継母は学校を基盤とする正式な修復的会議に招待されました。エメリーが飲酒をしたことには何の疑いもありません──彼はすでに飲酒を認めているので、会議は飲酒したかどうかを争うものではありません。エメリーの継母は彼の

206

サポーターとしてそこにいますが、会議のために事前準備をしていたので、彼女は会議の流れや自分の役割については理解した状態です。

エメリーは、学校に通うストレスについて語り、キャンパスに来たのは15か月以上ぶりだったことを明かしました。エメリーが言うには「去年1年間は学校に行ってなかったんだ。喧嘩して9学年〔日本では中学3年生〕を退学になって、二度と戻らなかった。いとこがこの学校に通っていてすごくいいって話していたから、来てみることにしたんだ。でもいろいろ難しいんだよ。バカだって感じるし、卒業までの単位も足りてない。みんなが卒業したのに残される人にはなりたくないんだ」。

会話はその後も続き、被害者が話す機会が与えられます。教師が言います。「私は本当に怖かった。自分の仕事がちゃんとできていると思えなかった。あなたたちみんなの安全を維持していると思っていたのに、そうではなかったんだから。私が見ているところであなたは酔っぱらっていて、そのことに本当に嫌な気持ちになりました」。

仲間の1人が言います。「私は怒ってる。私たちはチームとして動くはずだったでしょ。先生はあなたの面倒を見なきゃいけなかったから、私たちは助言者がいない状態だった。公平じゃない。私たちは負けたわけではないけど、この経験から得られるものを逃したと思う。私はここでの最終学年で、思い出になるはずだったのに」。

エメリーの継母も含めてそれぞれの人が自分の言いたいことを言いました。継母は「あなたを愛してるわ。あなたのお父さんもそう。お父さんはあなたが自分と同じ間違いを起こすんじゃないかと恐れて来ることができなかったの。依存症は彼にとって、とても苦痛な出来事だった。彼は、今は回復しているけど、それは厳しい道のりだった。私はすごく怖かったから、仕事を休んであなたを公

園に迎えに行った。私はあなたに素晴らしい人生を送ってほしいと思っているし、学校があなたを追い出さないことを祈るしかない。あなたには教育が必要だわ。何者かになりたいという気持ちは知ってる。どうすればあなたを手伝えるかしら？　あなたのお父さんも私も、あなたが望むことは何でもする。私たちはあなたを本当に愛してる」。

あなたが想像しているとおり、エメリーは会議中ほとんどの間泣いていました。そして断酒カウンセリングに行くこと、仲間同士の調停を行うこと、償いをすることなどの合意に達しました。会議の最後に、エメリーは指導教員に言います。「僕を見放さないでくれてありがとうございます。あなたのことを悪く思ったり、あなたの感情を傷つけたりする気持ちはありませんでした。これから修復していきます。僕のことで先生が煩わされることはもう二度とありません」。その言葉どおり、エメリーはその後、加害者になることはなく、次の年に高校を卒業しました。

すべての会議がこのようにスムーズにいくわけではありません。そして時には、生徒がまた失敗し、他者に与えた影響を学ぶために何度も修復的会議を開く必要が出ることもあります。私たちはこのセクションで、何らかの公的な決定や「結果」には焦点を当てていませんが、それについては、このモジュールの後半で述べることになります。このセクションでは、人々がどのように合意と補償に向けて取り組むかというプロセスや方法に焦点を当てました。もしエメリーがもう一度飲酒したら？　もしくは別の加害に関与したら？　それは修復的会議が失敗に終わったということを意味するのでしょうか？　もしくはそれもプロセスの一部として見て、傷ついた人たちが彼らの言いたいことを言って終結に至ったとするのでしょうか？

208

振り返りの比較対照

　あなたの学校で発生した、司法の関与はなかったものの深刻な危害を及ぼした違反行為について考えてみましょう。懲罰的なアプローチが修復的なものとどう異なるかを比較対照してみます。

懲罰的な実践で尋ねる 3 つの質問	修復的な実践で尋ねる 3 つの質問
どんな法律やルールが破られましたか？	この行動によって引き起こされた害は何ですか？
誰が破りましたか？	害の影響を受けているすべての人のニーズと義務は何でしょうか？
どんな罰が相応でしょうか？	害の影響を受けたすべての人たちは、どのようにすれば可能な限り癒しに至る計画を作ることができるでしょうか？

出典：Oakland Unified School District（日付不明）より修正して引用。

年少の児童の場合はどうすればよいでしょうか？

　小学校低学年でも重大な事件が起きることはあります。私たちの多くは、学校で突発的な暴力を起こした幼い子どもの取り締まりに

ついて読んだことがあるでしょう。そこでは子どもや家族と協力するのではなく、法執行機関に連絡して子どもを逮捕してもらうように要請します。手錠をかけられた5歳児の姿にはぞっとします。障害がある子ども、特に認知的・行動的障害がある子どもはリスクが高くなります。全国の学校では依然として問題は起こっています。法執行機関に委ねる以外の措置が思いつかないと考えている学校とそうでない学校の間には深刻な対処能力の格差があり、その学校にいるすべての子どもたちのリスクが増しています。

　幼児や知的障害のある子どもとかかわっている教育者の中には、修復的会議を積極的に利用したいと思っている人がいますが、子どもの発達に応じた適切な使い方について困っているかもしれません。ガルシア小学校の幼児・初等学年のスタッフは、年少者向けの脚本（図表7.3）を使って、成長を促すような方法で年少児童たちの重大な違反の解決を支援しています。

　例えば、幼稚園からの移行クラスに通っている4歳のエヴァンは、ある朝、教室で暴力的な癇癪を起こしました。一緒に使うはずだった糊の瓶をめぐって、エヴァンはクラスメートに腹を立てて殴り、椅子を蹴り倒しました。教師であるケイス・カーターはエヴァンを落ち着かせ、その場から安全に離れさせようとします。しかしこれに激怒したエヴァンは、金属製の大きなホチキスを含む近くにあったものを教師に投げつけました。カーター先生は額を3針縫うけがをします。幸運にも学校は危機介入対応を行い、その日エヴァンは起きたことにおびえ恥ずかしく感じている両親につき添われて帰宅します。

　この学校の修復的実践コーディネーターであるショーン・ラトエルは、エヴァンと教師とで行いたいと思っている修復的会議

> 法執行機関に委ねる以外の措置が
> 思いつかないと考えている学校と
> そうでない学校の間には
> 深刻な対処能力の格差があり、
> その学校にいるすべての子どもたちの
> リスクが増しています。

図表 7.3　修復的会議の年少児童用脚本

話をする	何が起きましたか？ あなたが＿＿＿＿した時、それはいい選択でしたか？　よくない選択でしたか？
害を検討する	あなたが＿＿＿＿した時、何を考えていましたか？
害を修復する	修復するために、あなたは＿＿＿＿することが必要です。
合意に達する	学校では、＿＿＿＿するのは OK ではありません。 同じことが起きないために私たちはどうしたらいいですか？
フォローアップを計画する	私たちが合意したことをやれているか確認するために、後でチェックを行っていくつもりです。 同じようなことが起こったら私たちはどうすべきだと思いますか？
謝罪する（適切なら）	**害を引き起こした人** ＿＿＿＿してごめんなさい。／＿＿＿＿したことを謝ります。 私は＿＿＿＿でした、なぜなら＿＿＿＿ **害を受けた人** あなたが＿＿＿＿した時、それは嫌だった。 あなたがしたことは私に＿＿＿＿と感じさせました。謝ってくれてありがとう。

出典：Langley (2016)

について知らせるべく家族に連絡します。エヴァンとラトエル先生は家族と会議の目的と望む結果について議論し、準備を行います。ラトエル先生は家族に「家族の心配や懸念を聞くことも重要です」と説明します。彼らは、エヴァンがスクールカウンセラーのアンガーマネジメントを受けることを含めたフォローアップについても議論します。ラトエル先生はまた、被害を受けた教師にも会い、彼女の懸念や感情についても聞きます。ラトエル先生は後に言

正式な修復的会議と被害者・加害者対話　211

いました。「カーター先生は素晴らしかったです。でも人がそのような出来事に耐えてそのまま生きていくことはできません。彼女がエヴァンにとってのよりよい場所となりうるように、彼女は私と感情を分かち合う必要がありました」。

翌朝、エヴァンは家族と一緒に学校に来ます。彼はラトエル先生とファシリテーター、校長とカーター先生によって温かく迎え入れられます（「彼の目はこの時すでに安心していました」とラトエル先生は後から述べています）。ラトエル先生は、家族と先生が見守る中、会議の脚本を使いながらエヴァンをプロセスに導いていきます。彼は時々、家族や先生も会話に招き入れます。合意の一部として、ラトエル先生は「怒った時に使えるもっといいツールを手に入れるために」毎週スクールカウンセラーと会うことについてもエヴァンに伝えます。エヴァンは先生に謝り、先生は謝罪を受け入れます。

「朝のお菓子を食べた後に、エヴァンと他の生徒でも同じプロセスを行うつもりです。より控えめで短いものになるでしょう。私と子どもたちだけです」とファシリテーターは言います。カーター先生はエヴァンの両親に言います。「私たちの目標は彼をできるだけ早く学習できる状態に戻すことです。でもエヴァンと私をサポートしてくれたことに感謝しています。私たちはよいチームになれます」。

争いに踏み込む：両者に過失がある場合

時には、誰が害を与えたのか（加害者）、誰が害を与えられたのか（被害者）を把握することが難しい場合があります（例：その日のはじめに生徒BがAをつき飛ばしたり侮辱したりしたために、昼食時に生徒AがBと喧嘩する）。生徒間の争いでは、多くの場合、各生徒にその要因があることがしばしばです。そのため、状況を解決し、両方の生徒が自分の行動の影響を確認できるようにするために、複数回の修復的

会議が必要になる場合があります。喧嘩の例では、関係する生徒たちを同時に集めて正式な修復的会議を開く前に、各生徒と個別に一連の会話を行う必要があるかもしれません。これは、会議の準備に必要な事前作業を行う機会となります。そしてまた争いを評価するためにもう少し詳しく調査する機会でもあります。例えば、その喧嘩は気づかれなかったいじめの結果だったりはしないでしょうか？

　解決策に達するために、生徒間の対話を仲介することは役に立ちます。被害者と加害者の境界線があいまいな場合、目標はどちらか一方に責任を負わせるというよりも、それぞれが自分の行為の影響を認識し、解決に向けて進むのを支援することです。修復的実践の中心原則に従い、計画ツールで紹介されている、個人の内省的な思考を表面化させるような質問を使います。図表7.4は修復的会議に参加するために使う質問が含まれています。

図表7.4　被害者と加害者に対する質問

害を及ぼした人に対する質問	害を被った人に対する質問
・ 何が起きましたか？ ・ その出来事があった時、何を考えていましたか？ ・ その出来事の後、何を考えていましたか？ ・ あなたがしたことで誰が影響を受けたと思いますか？　それはどんなものですか？ ・ 物事を正すために何が必要だと考えますか？	・ 起きたことを理解した時どう思いましたか？ ・ その出来事があなたや他の人に与えた影響はどのようなものですか？ ・ あなたにとって最も難しいことは何ですか？ ・ 物事を正すために何が必要だと考えますか？

出典：©International Institute for Restorative Practices. 許可を得て使用。

　私たちがこれらの質問をする時、状況についての彼らの見解を聞き、対処できる根本的な原因や引き金があるかどうか、そして事件

正式な修復的会議と被害者・加害者対話　213

の発生まで・発生中・発生後に彼らの心の中で実際に何が起きていたのかを知りたいと考えています。私たちはまた、自分たちの行動が自分自身にも悪影響を与えることを生徒が理解できるようにしたいと考えており、さらに修復的会議で相手と対峙することで、事件の結果傷ついたり変化したりしてしまった可能性のある人間関係を再構築するための扉を開きたいと思っています。物事を正すために何が必要か尋ねると、生徒は自分だけで考える時には、しばしば通常考えうる結果よりも自分自身に対して厳しい意見を言うことがあります。事件の解決プロセスに彼らが参加できるようにすることで、全員が癒し〔ヒーリング〕に関与できます。

さらに私たちは、事件によって彼らが受けた被害について、彼らの視点から聞きたいと考えています。これは、状況の追加的な原因や引き金を認識したり、これまで理解していなかったかもしれない視点を考慮したりするのに役立ちます。物事を正すために何が必要か尋ねると、生徒はしばしば合理的な解決法で、他者に対して進んで猶予を与えます。私たちは教育者であり、自分自身や他者、そして生徒がどうすれば未来を違うものにすべく対処できるかについて学ぶ場を持ちたいと願っています。生徒たちを集めた時、彼らが質問に（被害者として・加害者として）自分の反応を述べることで、彼らが他者の視点も得られるようにします。そして4つの追加の質問を生徒たちに共同で投げかけます。

1. 今知っていることで、あの時知っていたらよかったと思うことは何ですか？
2. もし似たような状況が起こったら、あなたはどのように異なる行動を取りますか？
3. 物事を前に進めるための、どのような解決の約束を進んで行いますか？

4. フォローアップするためにどんな形でチェックしていきますか？

　訓練を受けた進行役が主導する学校基盤の修復的会議に、あなた自身が関与することもあるかもしれません。あなたが関与しているということは、おそらくあなたがその出来事に巻き込まれているか、その影響を受けているという認識を持つことが重要です。修復的であり続けるために、準備技術を使うことを忘れず、「修復的な授業」ではなく修復的な会議になるように心がけてください。

会議に先だち、自分の感情をどのように処理すればよいでしょうか？	
積極的な聞き手としての役割を維持するにはどうすればよいでしょうか？	
ボディランゲージでする必要のあること、避けた方がよいことは何でしょうか？	
会議の後、自分の感情をどのように処理すればよいでしょうか？	

正式な修復的会議と被害者・加害者対話　215

決定と結果

　行動には反応があり、学校の反応は懲罰的で排除的であることがあまりにも多いです。とはいえ、正式な修復的会議にも、通常、結果が伴うことに注意することは重要です。また、生徒が修復的な話し合いに参加したがらない場合にも、結果があります。会議で生徒から「ただ停学にできないのですか？」と聞かれたことは数えきれません。それに対して私たちは、「もちろんできますが、学ぶ機会を失うことになります」と答えます。

　学校や学校制度が、特定の状況下で取らなければならない行動について、ガイドラインを定めていることがあります。その場合、チームはおそらく、そのガイドラインに従うと同時に、リーダーたちと方針をアップデートする必要もあります。他から課される結果には関係なく、被害者、加害者、そして支援者の提案を聞いてみることは重要です。彼らはよいアイデアを持っているし、前進するために何が必要かもわかっています。また、生徒たちは、彼らの声が聴かれたと感じると、結果をより進んで受け入れようとします。話し合いの余地のない結果がある場合は、グループ内で話し合い、なぜそのような提案がなされたかを書き留めておくことが重要です。加害者、被害者、支援者は、生産的な話し合いが行われた後でも、リーダーに追加作業があることに驚いてはなりません。

　深刻な有害行為に対する結果としての停学を言い渡すことについて、よく質問を受けます。生徒の行動を変えるのが停学であるという証拠はありません。懲罰的な行動ではそれは達成されません。しかし、組織、地域社会、そして自分自身に対する説明責任を含む結果は、生徒の行動

> 物事を正すために何が必要か尋ねると、生徒は自分だけで考える時には、しばしば通常考えうる結果よりも自分自身に対して厳しい意見を言うことがあります。

を変えます。3日間の停学では、そうはな
りません。

　しかし、冷却期間が適切な場合もありま
す。例えば、喧嘩の後、正式な修復的会議

生徒たちは、彼らの声が
聴かれたと感じると、
結果をより進んで
受け入れようとします。

に参加する前に、様々な当事者が学校を離れて、少し考える必要
があるかもしれません。特に、日頃学校にいない人が「生徒を停学
にするな」と言うのは簡単です。しかし、私たちは現実主義者であ
り、学校チームがこのような決定を下すことがあり、その行動を恥
じるべきでないことを知っています。私たちは、各チームが下した
決定を追跡し、特定の生徒グループに対する排除措置において差が
ないかを監視するよう求めるだけです。その証拠に、BIPOC[3]の生
徒や障害のある生徒は、白人、アジア系、障害のない生徒と同じ違
反であっても、しばしばかなり高い割合で停学処分を受けています。

　多くの場合、冷却期間が必要なのは大人たちです。キャンパスで
深刻なことが起こると、私たちは傷つき、怒り、より極端な立場を
取りがちです。冷静になり、他者（加害者を含む）の様々な見解に耳
を傾ける時間があれば、私たちはより賢明で成長を生み出す判断が
できるようになります。修復的実践は、遠くから見守るのは簡単で
す。私たちは応援団にさえなれるかもしれません。しかし、その状
況が私たちに影響を及ぼす時、私たちはみな懲罰的行為に逆戻りす
る傾向があります。繰り返しになりますが、なぜ修復的実践が重要
なのかを集団で再検討するためには、冷却期間が必要かもしれませ
ん。

　私たちの誰もが学生に停学を言い渡しています。場合によって
は、カウンセラーやソーシャルワーカーと何度か面談を行いなが
ら、生徒をキャンパスに留め置いたまま、この措置が達成できるこ
ともありますし、生徒の通学禁止が必要な場合もあります。いずれ
にせよ、退学処分で生徒の行動が変わると信じてはなりません。

正式な修復的会議と被害者・加害者対話　　217

チームが停学処分を決めるかどうかにかかわらず、チームが下す決断は他にもあるはずです。

サークル・センテンシングという司法モデル

修復的グループの中で人気が高まっているプロセスの1つは、サークル・センテンシング[4]［サークルによる判決］という司法制度に基づいています。このプロセスには4つの段階があります。

第1段階：具体的なケースがサークルプロセスに適しているかどうかの判断
第2段階：サークルに参加する当事者の準備
第3段階：サークル内での合意を求める
第4段階：フォローアップを行い、加害者が合意を守るようにする

次に挙げる刑事司法制度との比較の表は、その違いを浮き彫りにしています。

刑事裁判	コミュニティの判決サークル
・ 対立を犯罪とみなす ・ 量刑を対立解決と見る ・ 過去の行動に焦点を当てる ・ 行動を狭い視点で見る ・ 被害者は謝罪を受けるかもしれない ・ 社会的紛争へのより広範な関心を避ける ・ 結果（すなわち量刑）を最重視する ・ 専門家に頼る	・ 犯罪的出来事をより大きな力動／対立の一部とみなす ・ 量刑は解決の一部と見る ・ 現在と将来の行動に焦点を当てる ・ より大きな全体的な視点 ・ 社会的対立に焦点を当てる ・ 結果ではなく、プロセスが関係者間の関係を形成し、時には癒すので、プロセスを最重要と考える。 ・ コミュニティをエンパワーする

出典：Griffiths & Cunningham (2007: 271) の B. D. Stuart より引用。

形式的で、しばしば敵対的な司法アプローチとは対照的に、サークル・センテンシングは以下のような利点があります。

- ・個人、家族、地域社会に問題解決能力を再認識させます。
- ・コミュニティ内の関係を再構築します。
- ・他者の価値観と生活に対する認識と尊重を促進します。
- ・被害者を含むすべての当事者のニーズと利益に対応します。
- ・問題の症状だけでなく、原因に焦点を当てた行動を取ります。
- ・既存の癒しの資源を認識し、新たな癒しの資源を創造します。
- ・地域や政府の資源を活用するための調整を行います。
- ・予防策を生み出します。

(United Nations Office on Drugs and Crime, 2006)

　アザリアは、中学校の教室から窃盗を働いた結果、判決サークルに参加することに同意しました。アザリアは自宅で盗品（携帯電話、タブレット、コンピューター）を持っているところを捕まり、それを盗んだ品と認めました。携帯電話は持ち主に返却され、その他の備品は学校に返却されました。被害者の代理人は校長であり、学校用に修正された判決サークルを使用することが決定されました。チームは修復的会議を開かず、窃盗のために起こるであろう結果に焦点を当てることを決定しました。

　この学校では、このプロセスを ACT（説明責任、結果、変革）と呼んでいます。エリス・ロング校長は言います。「私たちは、このプロセスに私たちの修復的文化を反映させたかったのです」、「これらの言葉はそれぞれ、生徒の説明責任とその後に起こること（結果）が対になっているという私たちの意図を表しています」。「しかし、そのすべてが生徒の変容に向かう道筋を築く必要があるのです」と彼は続けます。チームのメンバーは、状況や関係者によって

MODULE 7

正式な修復的会議と被害者・加害者対話　　219

変わりますが、通常、ACT のチームリーダーが毎回プロセスの一部を担っています。

ACT チームは、アザリアの父親、2 人の同級生、教師、スクールソーシャルワーカーで構成されています。このグループは、管理チームに勧告書を提出します。この学校や他の多くの学校では、勧告書は別のグループに送られ、そのグループが、方針、教育規定・規則、そして経験に基づいて最終決定を下します。生徒や、時には会議の他の参加者が、もっと深刻な結果を勧めることはよくあることで、そういう場合、参加者は少しクールダウンする必要があるかもしれません。

アザリアに対する提言は以下のとおりです。

- 違反行為を繰り返さないことを誓約し、関係するすべての友達に書面で謝罪します。
- テクノロジー・センターで、消去されたソフトウェアを再インストールします。
- 備品を盗まれた教師との修復的会議を行います。
- 回数を減らしてもよい／もしくは終了を勧められるまで、根本的な問題に対処するためにソーシャルワーカーと毎日カウンセリングを行います。
- アザリアの持ち物でないものがないか、家族による寝室のチェックを行います。

指導者チームは勧告を検討し、同意するために会合を開きます。彼らはまた、アザリアと話をし、学校が使った行動を解決するためのプロセスを含めて、この体験の影響について生徒から直接話を聞きたいと考えています。

リエントリープラン

停学処分の有無にかかわらず、修復的会議の開催が決定された場合、リエントリー〔再登校〕プランを立てる必要があります。その生徒は教室や学校の通常の流れから外され、多くの人（仲間や教職員）が何かが起きたことに気づきます。当然、人々は好奇心を抱き、何が起こったのかを知りたがるでしょう。その加害者はどんな罰を受けたのか？　修復的実践の旅が始まると、この質問を度々受けることになり、それは、生徒、教師、スタッフ、そして家族など様々な人から聞かれるでしょう。それは仕方がないことであり、私たちが過去に経験したことでもあります。でも、時間の経過とともに、学校コミュニティのメンバーは、修復的会議で下される決定には力があり、懲罰的措置に頼らない結果があることに気づくようになっていきます。

現実には、事件の影響を受けた人々だけが決定された行動方針を知る資格があります。被害者と加害者両方が権利を有しており、プライバシーを守られることはその権利の1つです。しかし、現実はそうもいきません。修復的会議に参加した者が再び学習環境に戻るのは気まずいものです。人は気まずくなると、過剰に話すか黙ってしまうかのどちらかになりがちです。ひどい目に遭ったと仲間に思わせるために、結果を誇張する生徒さえいます。ある生徒は、私たちにこう言いました。「悪いことをして、罰を受けたことをみんなに知らせたい」。理由を尋ねると、生徒はこう答えました。「そうしないと、私が罰として何をしたのか、それがどれだけ大変だったか、みんなにわかってもらえないから」。私たちは修復的な文化を創造し、罰に関する物語を変える必要があることを思い知

> リエントリープランは、参加者が学習環境に戻るための準備をするのに役立ちます。

らされました。

　リエントリープランは、参加者が学習環境に戻るための準備を
するのに役立ちます。また、リエントリープランは加害者だけに限
定されるものではありません。被害者、支援者、傍観者がリエント
リープランの一部でなければ、傷は再び広がり、対立が再燃する可
能性があります。図表7.5には、リエントリープランに関するアイ
ディアが提案されています。

図表7.5　リエントリープラン

----

1. **生徒とリハーサルを行います。**学習環境に戻った後、様々
   なシナリオにどのように対応するかを生徒と話し合いま
   す。私たちは、クラスメートからの詮索に加害者が対応で
   きるように、「もう大丈夫」や「もう終わったことだ」と
   いったセリフを生徒と一緒に練習します。
2. **必要であれば、ライフラインを確認します。**感情が揺り動
   かされた事件の後に学校に戻った生徒が、予想以上に不安
   や焦りを感じている場合があります。そのような場合、教
   育者は生徒と協力して、復帰後に小休憩が必要になった場
   合に利用できる「命綱〔ライフライン〕」を確認する必要があ
   ります。
3. **短いフォローアップを予定し、それを守ります。**欠席から
   戻った後、1日に1、2回生徒の様子を確認することで、生
   徒の毎日を安定させ、生徒に安全弁を提供することができ
   ます。
4. **生徒の感情により効果的に対応できるよう、関係する大人
   にフィードバックします。**教師は、指導の流れから外れて
   しまった生徒に対して、すぐに元の状態に戻れるだろうと

非現実的な期待を抱いている場合があります。生徒のリエントリープランを担当する教育者は、生徒が教室に戻った時につき添い、生徒の現在の精神状態と、彼らがした再登校のための約束の両方を、関係する教師に知らせる必要があります。

5. **一日の終わりに振り返りをします。**このようなフォローアップを行うことで、生徒たちは、悪い影響を与える可能性のある友達から離れるための口実を作ることができます。また、教育者が生徒を指導し、肯定的な言葉をかける機会も増えます。

6. **フォローアップ計画を実行します。**長期的な変化は、生徒が自分たちが引き起こした被害とそれ以後に学んだことを真摯に振り返ることができて初めて実現します。私たちは、生徒がいつまでも過去にこだわることを強制することを提案しているわけではありませんが、大きな出来事の後に定期的にフォローアップの話し合いをすることで、再発を減らし、生徒と大人とのより強い関係を築くことができます。

出典：Smith et al. (2015)

リエントリーに保護者を含む

　ワシントン州知事室は、生徒が停学処分を受けた後、再登校する前に学校が家族と話すための質問集を作成しました。以下のような質問が考えられます。

・この出来事について、生徒の見解は？　学校側はどのように見

ていますか？

- 生徒が償い（物事や人間関係へのダメージを修復すること）をするにはどうしたらいいでしょうか？
- 学校はどのようにして、学校（スタッフ）と生徒、そしてあなた（家族）との関係を修復あるいはよりよい結果にするためのサポートができるでしょうか？
- 生徒、家族、学校のスタッフの尊厳を尊重するために最善を尽くす、将来の安全プランは何ですか？
- 生徒が成功するために、学校でどのように学業や社会的なつながりを取り戻すのでしょうか。
- 管理職は、いつ、どのようにあなたと生徒のフォローアップをすればよいですか？

繰り返しになりますが、重要なのは、修復的会議の結果、成功する可能性が高くなるような計画を立てることです。

ジレンマ：第2幕

メイソンとフィンリーの休み時間のシナリオをもう一度考えてみましょう。学校基盤の修復的会議が開かれていれば、全体の状況はまったく異なる解決ができました。最初の会議の機会は、はじめのボールを渡す・渡さないで言い合った出来事の後にありました。そうすれば、2番目の出来事の発生を完全に防ぐことができたでしょう。

ただ、校長はフィンリーの脅迫を知らず、メイソンとフィンリーの対立は当初、明確な被害者と加害者がいないように見えました。しかし、210ページに概説されているような質問を用いて、子どもたち一人ひとりと最初に面談することで、事件の本質が明らかになったかもしれません。一旦本質が理解されれば、子どもたち

一人ひとりとの対話が始まったでしょう。メイソンにとっては、何が必要かを話し合う機会ができます。フィンリーにとっては、その時、そして今、彼が考えていることについての話し合いができたでしょう。どちらの場合も、目的は内省的思考を促すことです。それができたら、修復的会議を選択肢として提示できます。ここでも、両当事者の同意が必要であることを肝に銘じておきましょう。結果は双方に有益なものでなければなりません。フィンリーを孤立させ、健全なエネルギーのはけ口を奪うのではなく、フィンリーには、彼の行動がメイソンにどのような影響を与えたかを認識し、殴ったことを謝罪する機会を与えることができたでしょう。そしてメイソンには、報復を恐れることなく事態を終結させる機会が与えられ、大きな不安を避けることができたでしょう。

事例

遠足の一環として、高校生がカリフォルニア大学ロサンゼルス校 (UCLA) を見学します。彼らはキャンパス内の書店を訪れます。そこで、マルティナはロゴ入りのペンを盗もうとして警備員に捕まりました。警備員はマルティナをつき添いの教師のところへ連れて行き、事情を説明します。警備員は、マルティナのキャンパスへの出入りを禁止し、高校の再来校も歓迎しないと言い出します。

マルティナや他の生徒たちが学校に戻ると、彼女は校長先生と席を並べ、何が起こったのかについて、修復的会議の質問法を用いて話し合いました。マルティナは、ただペンが欲しかっただけだが、今回のことで母親が恥じるだろうこと、そして UCLA のキャンパスを今後も訪問する機会を高校から奪ってしまったことを恐ろしいと感じたと説明します。

校長先生から、正しいことをするためにはどうしたらいいかと尋ねられたマルティナは、ペンを盗んだ本当の理由について詳しく話し始めました。彼女はさらに、サンディエゴの貧しい地域出身で、周りからはずっと無理だと言われてきたけれど、本当はUCLAに通いたいのだと説明します。彼女がペンを盗んだのは、UCLAに行くためには、上手に話したり書いたりできるようになる必要があるとわかっていたからだといいます。学校で字を書く時にそのペンを使えば、自分の目標を諦めずに努力することを思い出させてくれると思ったと言います。彼女は働いてお金を貯めており、正しいことをするために、そのお金の一部を小学3年生の弟の筆記用具に使うつもりだと話しました。彼女は筆記用具を寄付し、弟のクラスで自分の経験を話し、盗む必要はないこと、どこの出身であろうとやっていけることを理解してもらう取り組みをすると決めました。

　さらに、彼女はUCLAの学長に謝罪の手紙を書き、すべての状況を説明することにしました。大学長は自らマルティナに返事を書き、彼女の正直さに感謝しました。また、警備員には彼女や彼女の高校をUCLAのキャンパスから追放する権限はなかったこと、彼女の誠実さに基づき、彼女の高校の生徒はいつでも見学歓迎だと説明してくれました。手紙には、UCLAブランドのペンが箱ごと添えられていました。

修復的会議がマルティナの選択の結果にどのような影響を与えたと思いますか？　この状況に対して、より伝統的な罰のアプローチが取られていたら、同じ結果が生まれたと思いますか？

推奨と意味

　一般的な推奨事項を表にまとめました。このモジュールがあなたにとって刺激となった、あなた自身の現場固有の意味合いや質問を追加してください。

	一般的推奨	現場特有の意味と疑問
全校	過去3年間の停学と退学を調査し、差がないか調べます。人種、民族、性別の違い、障害の有無による重大事案と結果についても同様に比較します。同じような違反でも格差は存在しますか？	
リーダー	正式な修復的会議に関する情報を収集するために、生徒や家族を含む学校コミュニティの主要な代表者からなる対策委員会を作ります。これはあなたの学校・学区の修復的活動の一部であるべきでしょうか？	
教師	同僚と集まり、このプロセスにおける（進行役としてではなく）参加者としての教師の役割と責任についての説明を作成します。	
生徒	生徒の代表者と協力して、学校ベースの修復的会議のシステム開発に対する生徒の関心を探ります。	
家族とコミュニティ	地域のリーダーや法執行機関と協力して、正式な修復的会議を開催するためのリソースとニーズを決定します。	

振り返り

　モジュールの最初に書いてある達成基準について振り返りましょう。自分自身に尋ねましょう。これらのことが今できますか？　以下にあなたの考えを書いてみてください。

修復的会議で個人が果たす様々な役割について述べられますか？	
修復的会議に参加する方法を知っていますか？	
説明責任、結果、変容が生じうる方法を説明できますか？	
リエントリーのための会話と行動に参加できますか？	

訳注

1 この章で言う結果（consequences）とは、起こったこと／起こした害の自然の成りゆきとして引き受けざるをえないことを指す。例えば、「宿題をやったらスマートフォンが使える」という約束を破った時に、当然の流れとして、その日スマートフォンが使えなくなるのが結果（consequence）であり、不利益や不快な思いをさせることで不適切な行動を減らそうとする罰（punishment）とは異なることに注意が必要。

2 Hug-A-Thug（ハグ・ア・サグ）：コミュニティの大切さを教え、サポートを提供し、裁かれることのない場所を作ることで自分の考えや行動をコントロールする方法を教える手助けをしようとするプログラムや暗黙のかかわり方の１つ。ただし加害者に過剰に権利を与え、被害者の権利や施設職員の安全を無視している等の批判から、皮肉の意味で使われることもあるようである。

3 Black, Indigenous, People Of Color（黒人、先住民、有色人種）の略。

4 判決サークルとも言う。従来の司法制度に先住民の文化慣習を統合した代替的な刑罰形態のこと。加害者・被害者、利害関係者などのメンバーが集まって話し合い、加害者が引き受ける責任を決めるやり方。

正式な修復的会議と被害者・加害者対話　　229

成功するイメージは湧くでしょうか？

「でも、うまくいくの？」

　何度この質問をされたことでしょう。でもこの質問が出るのは、今、多くの学校がやっていることがうまくいっていないから、それでもうまくいく何かを知りたがっているからだと私たちは理解しています。弊害は残されたままで、長期的な変化も起きていません。だからこそ私たちは、本書を通して、修復的正義と修復的実践がもたらしうる影響を強調した研究を数多く紹介してきました。

　修復的実践はしばしば非現実的な基準を期待されます。会議の後に生徒が再びひどいことをすれば、疑念が投げかけられます。しかし、クリップチャートやボード上の名前といった公的な屈辱的手法や停学、その他の排除的手法にも同じ疑問が投げかけられているのでしょうか？

　あなたはある生徒が5回も停学になったという話を何度聞いたことでしょうか。あるいは、ある児童が何か月もクリップチャートの最下位にいると何度聞いたことでしょう。

　修復的実践は即効性のあるものではありません。すぐにルールを遵守させたいのであれば、一時的な変化を得る、より早い方法があります。一時的な平穏を得るために生徒を学校環境から排除することが目的なのであれば、停学処分の方が効率的で

彼は、**新しい高校を停学**あるいはもしかすると退学になるのは時間の問題だと、完全に思っていました。

231

す。しかし、生徒に自分たちの影響を理解させ、将来にわたって役立つ向社会的スキルを身につけさせたいのであれば、修復的実践という方法があります。さて、ここまでで、あなたは科学的根拠と実践を熟知したので、ここでは多くのサクセスストーリーの1つを紹介しましょう。ここで出てくる名前は、他の人々の役に立つようにと自分のストーリーを共有してくれた実在の人物の名前です。ウリエル・コルテスは、今では結婚・家族セラピーの修士号取得間近です。当時何があったのか、話を進めましょう。

ウリエルの物語

　幼少期、ウリエルは伝統的なしつけ方をする小中学校に通っていました。否定的な行動を取ると、生徒はクリップチャート、教室からの退出、補導、停学などの処分を受けました。数学と科学は好きでしたが、学業では振るわず、やがて親戚の影響によってギャングに加わりました。「ギャングになりたいと思ったことはなかったです。サッカー、スポーツ、医学など、幼少期はいろいろなことに興味がありました。しかしそれは弱点とみなされ、そのために食い物にされることもありました」と彼は言います。

　中学時代、ウリエルは硬派なギャングを演じる方法を学びました。服装も話し方も振る舞いもタフを気取り、勉強することはギャング内でバカにされたり嫌がらせを受けたりするため、あまり力を入れませんでした。ウリエルの母親は彼のことがどんどん心配になり、ウリエルが通う高校を探しました。ウリエルに罰を与えるのではなく、教えてくれる学校を望んだのです。ウリエルは近所の学校に行きたかったのですが、母親はウリエルを健康科学高等学校に入学させることに成功し、ウリエルはそこで9年生になりました。

　登校初日には、たくさんの風船と赤い絨毯が学校の入り口まで

続いていました。先生たちはみんな、外に立って叫び、歓声を上げ、夏休みから戻ってきた生徒たちを歓迎しました。ウリエルはこのことに驚き、彼の中で何かが閃いた感じがしましたが、それが何を意味するのかまだわかりませんでした。その時点の彼の優先事項は、ストリート〔街〕で最もタフで有名な人物になることであり、確実にそう見えるような外見を維持することでした。これまでの経験から、この外見をしていれば、ある種のレッテルが貼られ、学校内に彼が何者であるかが伝わることを知っていました。彼は、新しい高校を停学あるいはもしかすると退学になるのは時間の問題だと、完全に思っていました。

その学校は敵対するギャングのたまり場の近所にあり、学年が上がるにつれて、ウリエルは困難に直面しました。始業前と放課後が大変だったのです。敵対するギャングのメンバーは彼の授業のスケジュールを知っていたし、校庭のすぐ向こうからギャングのメンバーに叫ばれ、脅かされること

学校のスタッフがウリエルに
「自分の人生で何をしたいのか」
と尋ね始めました。
これは、これまで誰もウリエルに
真剣に尋ねたことのない質問でした。

もしばしばありました。問題を抱えていたウリエルは、自分がそう見られることを望んでいた"悪者"として扱われると予期していました。しかし、実際はそうではありませんでした。管理職や教師たちは、ウリエルに何が起こっているのか、どんな気持ちなのか、何かできることはないかと質問し始めたのです。学校の人々のこの純粋な心配りと関心はウリエルに衝撃を与え、彼は自分がギャングに巻き込まれた生徒としてだけでなく、1人の人間として見られていることに気づき始めました。

「私がいつも感心していたのは、先生たちが、私が何者なのかを私の過去に左右されて判断しなかったことです。私はいつも先生たちから、『私はあなたとあなたの教育に関心がある。あなたが誰で

成功するイメージは湧くでしょうか？　233

あるか、どこから来たか、他人がどう思うかは関係ない。あなたは大切な存在なのだ』というメッセージを感じていました」。

ウリエルは健康科学高校の教師やスタッフと関係を築き続け、そのうちに、学校は彼にとって実際の家よりも安心できるように感じることに気づきました。

「自分の家族ではなく、学校のサポートに駆け込むなんておかしいと思いました。特にストリート出身の人間からすると、その感覚はよくわかると思います。ストリートで慣れてしまったライフスタイルから離れるのは難しいのです」と彼は言いました。

先生たちは、彼が必要な時にはいつでも時間を割いてくれ、学問的な内容が理解できない時には助けてくれ、彼が間違いを犯した時でも決して背を向けませんでした。学校の全員が彼の名前を覚え、正しく発音しようと努力しました。そして、彼だけでなく、すべての生徒がこのように扱われました。11年生の途中で、ウリエルはもうギャングの道には進みたくないと思い始めました。敵対するギャングのメンバーが彼の命を脅かしていて、純粋に自分を心配してくれる学校の仲間を傷つけるような選択や行動をこれ以上取りたくなかったので、彼はギャング生活から一歩遠ざかり始めたのです。その頃、学校のスタッフがウリエルに「自分の人生で何をしたいのか」と尋ね始めました。これは、これまで誰もウリエルに真剣に尋ねたことのない質問でした。ウリエルは「アメリカ陸軍に興味がある」と答えました。学校のスタッフは、彼がアメリカ陸軍に入隊するために必要な条件を調べ、その準備を進める手助けをしてくれました。

> 修復的実践がなかったら、私はおそらく死んでいたか、あるいは刑務所に行っていたでしょう。修復的実践は本当に大事なことでした。

同じ頃、ウリエルの両親は拘束され、その後、国外追放されまし

た。ウリエルは妹の面倒を見ると同時に、妹を養うために仕事を見つけなければなりませんでした。学校のサポートがなければ、ウリエルは目標を達成できなかったでしょう。

　卒業の日、ウリエルは自分が成し遂げたことすべてに誇りを持ち、これからの人生に胸を躍らせました。しかし、その喜びの一方で、その日、家族みんなが彼に言いました。彼が卒業するとは思わなかったと。彼と彼の能力に対する信頼のなさが胸に刺さり、せっかくの記念すべき日がほろ苦いものに感じられました。

よく知らない生徒を見つけ、その生徒のストーリーを知ることです。

　ウリエルは米陸軍に入隊しましたが、彼の家族は新兵訓練所の卒業式を見に行くことができませんでした。しかし、彼の高校のスタッフがそこに立ち、彼を応援し、彼が人生の次のステップに進むことを祝福しました。ウリエルは4年間、国に貢献しました。

　陸軍で4年間働いた後、ウリエルはアメリカの税関・国境警備局で働きたいと考えました。そのためには法執行機関に入る必要があったので、次のステップは警察学校に行くことと理解していましたが、間を埋める一時的な職のつもりで、健康科学高校で警備員として働き始めました。しかしキャンパスに戻った時、その計画はすぐに変わりました。生徒に対する学校の素晴らしい仕事ぶりと、彼らのサポートの手厚さに、彼は惚れ直したのです。彼は我が家に戻りました。

　ウリエルは今、健康科学高校のカウンセラーであり、修復的実践の力を証明する頼もしい証言者です。彼は、多くの助けを必要としている生徒が大勢いることを知っており、彼らが自己効力感を高め、潜在能力を発揮し、自分自身と自分たちの未来を自身のものとするのを支援するため日々努力しています。彼自身の言葉を借りれば、「今一緒に働いているすべての生徒の中に、私自身の片鱗を見

成功するイメージは湧くでしょうか？　235

ることができます。そのおかげで、彼らが助けを求めていることがわかります。彼らはそれを口に出しては言いたがらないかもしれないですが、私はそれが真実だと知っています。私が思うに、私は恩返しをしているんです。助ける必要のない人たちが、私が助けを必要としていた時に助けてくれた。今度は僕の番です」。

この原稿を書いている時点で、ウリエルとのつき合いは12年になります。彼はまさか自分が人生でここまでやれるとは思っていませんでした。彼は多くの人の感情を傷つけました。彼は人間関係を壊そうとしたし、ウリエルと学校が一緒にやっていくには多くの紆余曲折がありました。今、彼は誇り高き父親であり、家族を養い、自分の家族と自身の人生を愛する、社会に貢献する者であり続けています。彼が言うように、「修復的実践がなかったら、私はおそらく死んでいたか、あるいは刑務所に行っていたでしょう。修復的実践は本当に大事なことでした」。

ウリエルと彼の経験について読んでくれてありがとうございます。

あなたはあなた自身の別の経験をするでしょう。そして彼らを見捨てず、彼らの目標到達を助け、彼らが間違ったり、あなたの気持ちを傷つけたりした時にも理解を示したことに、感謝しに戻ってくる生徒たちが必ずいるでしょう。

私たちは修復的実践について多くの質問を受けます。ウリエルの協力を得て、よくある質問と回答をまとめました。

修復的実践を行う時間をどこで見つけられるでしょうか?

修復的実践に最適な時間など用意されてはいません。しかし、手っ取り早く解決策を見つけようとして、その場しのぎの対応をしてきたことで、すでにどれだけの時間が消費されているかを考え

てみましょう。これは、学校が成長するためのプロセスでもあります。そのプロセスは、修復的実践について一般的なことを学び、目標につながる段階的なステップを踏むことから始まります。モジュール1で助言したように、ロジック〔論理〕モデルを作成することは、あなたの学校や地区で最適な計画を立てるのに役立ちます。最初の一歩として、修復的な文化を発展させるための目録を作成し、行動ステップを策定しましょう。おそらく、あなたの学校で、所属、主体性、アイデンティティが育まれる方法を検討することから始めるのがよいでしょう。

学校が修復的になるまでにどのくらい時間がかかるのでしょうか？

約15年前、私たちが修復的な学校を目指した時、私たちは1年間の専門能力開発でうまくいくと甘く考えていました。でも私たちは間違っていました。2022年、しばしば見逃されるとても妥当な理由により、私たちはこの旅をまだ続けています。その理由とは、学校は固定されたものではないという理由です。教師は代わり、生徒や家族も代わり、学校教育への要求さえも変わります。そして、社会の影響が私たち全員を形成していることも忘れてはなりません。ここ数年、私たちは、政治的混乱、新型コロナウイルスと人種差別という双子のパンデミック、家庭の経済生活の大きな変化を目の当たりにしてきました。そして、遠隔教育の必要性と、混乱をいかにはね返したかということも忘れてはなりません。2009年に私たちが採用した修復的実践のレンズは、継続的な努力と、生徒の現状を把握し、彼らの願望を達成する方法を教えるシステムの再構築がなければ存続することはできませんでした。

修復的実践を知らない人にどのようなアドバイスがあるでしょうか？

　教室や学校ですでに実施されているプロセスを把握し、長所や成長の機会を指摘しましょう。現在の強みをもう一度見つめ直し、そこから始めます。あなたの学校では、生徒の帰属意識を高めるのに成功したことはありましたか？　生徒の意見がその一部であることを確実にするための対応をすることによって、それをさらに高めることを検討してください。あなたは、特に生徒と一緒に感情の言葉を発言することはできますか？　促進的会話、2×10、バンキングタイムなどを教室の日課に組み入れることで、その機会を広げましょう。何よりも、よく知らない生徒を見つけ、その生徒のストーリーを知ることです。ウリエルは、「生徒を生徒としてだけでなく、人間として知りましょう。生徒の行動に影響を与える外的要因は常に存在し、彼らを助けるには、それらについてよく知る必要があります」と言います。

もしあなたが、修復的実践は効果がないと思う場合どうしますか？

　教育者として私たちはみな、ある特定の生徒に対してお手上げになることがあると言ってもいいかもしれません。私たちが力を注ぎ、導き、修復し、回復させてもなお、子どもが悪い決定をすることはあります。相談できるチームがあるということは極めて重要です。生徒のために自分1人で戦っているという感覚は疲れるものだからです。こうした時には、仕事で信頼している人に相談することです。

　「辛抱強く」とウリエルは言います。「すぐに変化がほしいのはわかりますが、変化には時間がかかります。私は個人的な変化を真に始めるのに3年かかりました。もし、私が『十分に早く』変わら

なかったからといって、彼らが私を見限ったとしたらと想像してください」。彼の変化は、時間をかけて徐々に進んだものだったと言います。「学校が脅威的な場所ではないと気づいた時、私は自分を変え始めました。実際、変な話ですが、学校は正反対で、歓迎され、親切でした。あの環境では、強がる必要も怖がる必要もないんだと気づきました。その防衛機制を取り払い、ただ自分自身でいることができたのです」。

あなたの物語

　教育者として私たちが得る道徳的報酬は、生徒と有意義な関係を持つことです。あなたは自分の（ウリエルのような）大きな影響から（一日の終わりにあなたをハグして帰る生徒のような）小さな影響まで、あなた自身の物語を持っています。しかし、その影響を運任せにするのではなく、体系化できるとしたらどうでしょう？　修復的実践は、「関係主導型の学校コミュニティを育成する」体系的なアプローチです（Kervick et al., 2020: 155）。著者たちの言葉で言い換えれば「すべての生徒が素晴らしい教育を受ける資格がある。あなたの教室や学校で、その可能性をどのようにデザインしますか？　私たちは、みなさんから学ぶのを待ちきれません」。

> もし、私が「十分に早く」
> 変わらなかったからといって、
> 彼らが私を見限ったとしたらと
> 想像してください。
> ウリエル・コルテス

成功するイメージは湧くでしょうか？　239

引用・参考文献

Adams, M., & Bell, L. A. (2016). *Teaching for diversity and social justice* (3rd ed.). Routledge.

Alamos, P., Williford, A. P., & LoCasale-Crouch, J. (2018). Understanding banking time implementation in a sample of preschool children who display early disruptive behaviors. *School Mental Health, 10*, 437–449. https://doi.org/10.1007/s12310-018-9260-9

Babad, E. (1998). Preferential effect: The crux of the teacher expectancy issue. In J. Brophy (Ed.), *Advances in research on teaching: Expectations in the classroom* (pp.183–214). JAI Press.

Berry, A. (2020). Disrupting to driving: Exploring upper primary teachers' perspectives on student engagement. *Teachers and Teaching, 26*(2), 145–165. https://doi.org/10.1080/13540602.2020.1757421

California Teachers Association. (2019, December 12). Restorative practices after a disaster. *California Educator.* https://www.cta.org/educator/posts/trauma-restorative-practices.

Center for Advanced Study of Teaching and Learning. (日付不明). *Learning to objectively observe kids (LOOK).* www.lookconsultation.org

Chew, S. L., & Cerbin, W. J. (2020). The cognitive challenges of effective teaching. *Journal of Economic Education.* https://doi.org/10.1080/00220485.2020.1845266

Costello, B., Wachtel, J., & Wachtel, T. (2009). *Restorative practices handbook for teachers, disciplinarians and administrators.* International Institute for Restorative Practices.

Darby, M. W. (2021). Ending the school-to-prison pipeline in South Carolina through legislative reform. *Journal of Law & Education, 50*(2), 390–423.

Driscoll, K. C., & Pianta, R. C. (2010). Banking time in head start: Early efficacy of an intervention designed to promote supportive teacher–child relationships. *Early Education and Development, 21*(1), 38–64. https://doi.org/10.1080/10409280802657449

Finnis, M. (2021). *Restorative practice.* Independent Thinking.

Fisher, D., & Frey, N. (2021). Why do students disengage? *Educational Leadership.* https://www.ascd.org/el/articles/show-and-tell-a-video-column-why-do-studentsdisengage

Fisher, D., Frey, N., Quaglia, R. J., Smith, D., & Lande, L. L. (2017). *Engagement by design: Creating learning environments where students thrive.* Corwin.

Fisher, D., Frey, N., Smith, D., & Hattie, J. (2021). *Rebound: A playbook for rebuilding agency, accelerating learning recovery, and rethinking schools.* Corwin.

Fletcher, A. (2005). *Meaningful school involvement: Guide to students as partners in school change* (2nd ed.). The Freechild Project. https://soundout.org/wp-content/uploads/2015/06/MSIGuide.pdf.

Fronius, T., Darling-Hammond, S., Persson, H., Guckenburg, S., Hurley, N., & Petrosino, A. (2019). *Restorative justice in U.S. schools: An updated research review.* WestEd Justice & Prevention Research Center. https://www.wested.org/wp-content/uploads/2019/04/resource-restorative-justice-in-u-s-schools-an-updated-researchreview.pdf

Ginsberg, M., & Wlodkowski, R. (2004). *Creating highly motivating classrooms.* Jossey Bass.

González, T., Sattler, H., & Buth, A. J. (2019). New directions in whole-school restorative justice implementation. *Conflict Resolution Quarterly, 36*(3), 207–220.

Goodenow, C. (1993). Classroom belonging among early adolescent students: Relationships to motivation and achievement. *Journal of Early Adolescence, 13*(1), 21–43. https://doi.org/10.1177/0272431693013001002

Gordon, T. (2003). *Teacher effectiveness training: The program proven to help teachers bring out the best in students of all ages*. Three Rivers Press.

Gregory, A., Clawson, K., Davis, A., & Gerewitz, J. (2016). The promise of restorative practices to transform teacher-student relationships and achieve equity in school discipline. *Journal of Educational and Psychological Consultation, 26*(4), 325–353. https://doi.org/10.1080/10474412.2014.929950

Gregory, A., Skiba, R. J., & Noguera, P. A. (2010). The achievement gap and the discipline gap: Two sides of the same coin? *Educational Researcher, 39*(1), 59–68. https://doi.org/10.3102/0013189X09357621.

Griffiths, C. T., & Cunningham, A. H. (2007). *Canadian criminal justice: A primer* (6th ed.). Thomson Nelson.

Hamre, B. K., Pianta, R. C., Downer, J. T., DeCoster, J., Mashburn, A. J., Jones, S. M., Brown, J. L., Cappella, E., Atkins, M., Rivers, S. E., Brackett, M. A., & Hamagami, A. (2013). Teaching through Interactions. *Elementary School Journal, 113*(4), 461–487.

Hargraves, V. (2018). High expectations self-assessment checklist. How to develop high expectation teaching. *The Education Hub*. https://theeducationhub.org.nz/how-todevelop-high-expectations-teaching.

Illinois Balanced and Restorative Justice. (日付不明). *Restorative practices in schools implementation checklist*. http://www.restorativeschoolstoolkit.org/sites/default/files/RP%20in%20Schools%20Implementation%20Checklist.pdf

Iowa State University, Center for Excellence in Learning and Teaching. (2021). *Reflect on your sense of belonging practices*. https://www.celt.iastate.edu/wp-content/uploads/2021/07/sense-of-belonging-practices.pdf

Julian, D. (1997). The utilization of the logic model as a system level planning and evaluation device. *Evaluation and Program Planning, 20*(3), 251–257.

Kervick, C. T., Garnett, B., Moore, M., Ballysingh, T. A., & Smith, L. C. (2020). Introducing restorative practices in a diverse elementary school to build community and reduce exclusionary discipline: Year one processes, facilitators, and next steps. *School Community Journal, 30*(2), 155–183.

Kowalski, M., & Froiland, J. (2020). Parent perceptions of elementary classroom management systems and their children's motivational and emotional responses. *Social Psychology of Education, 23*(5). 10.1007/s11218-020-09543-5.

Langley, J. (2016). *Restorative practices in the early years: Visual scripts*. Small World.

Mehrabian, A. (1971). *Silent messages*. Wadsworth.

Meiners, C. J. (2005). *Talk and work it out*. Free Spirit Publishing.

Oakland Unified School District. (日付不明). *Restorative justice implementation guide: A whole school approach*. https://www.ousd.org/cms/lib/CA01001176/Centricity/Domain/134/BTC-OUSD1-IG-08b-web.pdf

OECD. (n.d). *OECD future of education and skills 2030: Student agency*. https://www.oecd.org/education/2030-project/teaching-and-learning/learning/student-agency

Pipas, C. F., & Pepper, E. (2021). Building community well-being through emotional intelligence and cognitive reframing: With communities facing so much unrest, here are two skills you can apply to help promote healing. *Family Practice Management, 28*(1), 23.

Positive Behaviour for Learning. (2014a). *Restorative practice kete book two: Restorative essentials*. New Zealand Ministry of Education.

Positive Behaviour for Learning. (2014b). *Restorative practice kete book three: Restorative circles*. New Zealand Ministry of Education.

Purkey, W. W., & Novak, J. M. (1996). *Inviting school success: A self-concept approach to teaching, learning, and democratic practice* (3rd ed.). Wadsworth Publishing.

Rubie-Davies, C. (2014). *Becoming a high expectation teacher: Raising the bar.* Routledge.

Shawley, J. (日付不明). *Building relationships with students: The 2 × 10 theory.* blog.gophersport.com/connecting-with-students-the-2x10-theory

Skrzypek, C., Bascug, E. W., Ball, A., Kim, W., & Elze, D. (2020). In their own words: Student perceptions of restorative practices. *Children & Schools, 42*(4), 245–253.

Smith, D., Fisher, D., & Frey, N. (2015). *Better than carrots or sticks: Restorative practices for positive classroom management.* ASCD.

Smith, D., Fisher, D., & Frey, N. (2021). *Removing labels, grades K-12: 40 techniques to disrupt negative expectations about students and schools.* Corwin.

Thorsborne, M., & Blood, P. (2013). *Implementing restorative practice in schools: A practical guide to transforming school communities.* Kingsley.

Thorsborne, M., & Vinegrad, D. (2004). *Restorative practice in schools: Rethinking behaviour management.* Inyahead Press.

Tomkins, S. S. (1962). *Affect imagery consciousness: The positive affects.* Springer.

United Nations Office on Drugs and Crime. (2006). *Handbook on restorative justice programs.* Author. www.unodc.org/pdf/criminal_justice/Handbook_on_Restorative_Justice_Programmes.pdf

Vaughn, M., Premo, J., Sotirovska, V. V., & Erickson, D. (2020). Evaluating agency in literacy using the Student Agency Profile. *Reading Teacher, 73*(4), 427–441.

Wachtel, T., O'Connell, T., & Wachtel, B. (2010). *Restorative justice conferencing.* International Institute for Restorative.

Wangberg, J. K. (1996). Teaching with a passion. *American Entomologist, 42,* 199–200.

Washington State Governor's Office of the Education Ombuds (日付不明). *Reengagement planning after long-term suspension or expulsion.* www.oeo.wa.gov/en/educationissues/discipline-suspensions-and-expulsions/reengagement-planning-afterlong-term

Welsh, R. O., & Little, S. (2018). The school discipline dilemma: A comprehensive review of disparities and alternative approaches. *Review of Educational Research, 88*(5), 752–794. https://doi.org/10.3102/0034654318791582

What Ed Said. (2014). *10 tips for creating a class agreement.* whatedsaid.wordpress.com/2014/01/26/10-tips-for-creating-a-class-agreement

Whiting, E. F., Everson, K. C., & Feinauer, E. (2018). The simple school belonging scale: Working toward a unidimensional measure of student belonging. *Measurement & Evaluation in Counseling & Development, 51*(3), 163–178. https://doi.org/10.1080/07481756.2017.1358057

Willcox, G. (1982). The feeling wheel: A tool for expanding awareness of emotions and increasing spontaneity and intimacy. *Transactional Analysis Journal, 12*(4), 274–276. https://doi.org/10.1177/036215378201200411

Zeiser, K., Scholz, C., & Cirks, V. (2018). *Maximizing student agency: Implementing and measuring student-centered learning practices.* American Institutes of Research. https://files.eric.ed.gov/fulltext/ED592084.pdf

訳者あとがき

　本書は、Smith D., Fisher D., & Frey N. (2022). *The Restorative Practices Playbook: Tools for Transforming Discipline in Schools.*（直訳：『修復的実践のプレイブック——学校の規律を変容するツール』）の日本語訳書です。原著者のドミニク・スミス氏は、本書の最後に描かれているウリエルが在籍した高校である、カリフォルニア州サンディエゴにあるヘルス・サイエンス・ハイ・アンド・ミドル・カレッジ（健康科学高校）の教育サービスおよび教師サポートの責任者です。ダグラス・フィッシャー氏およびナンシー・フレイ氏は、サンディエゴ州立大学の教育リーダーシップ学部の学部長および教授です。このことから、教育現場における実践と学問としての教育学、そして教師のサポートにかかわる研究とがうまく統合されているのも納得できます。

　修復的実践は、元々は修復的司法と呼ばれる、対立・紛争解決に応報的・懲罰的対応を行うのではなく、被害者の回復に加害者も社会も責任を負い、対話と償いの行動によって、正義と公正を実現することを目指す司法制度の改革として出発しました。理論的には多くの人々を引きつけてきましたが、利害対立の調整など、実際にどのように話し合いや修復を試みるかの実践については、日本では研究と普及がなかなか進んでいない状況にあります。また、修復的司法をより広い場面に適用するものとして、社会福祉士などによる、学校などでの争いの解決に修復的対話を活用するという修復的正義と呼ばれる動きもありますが、こちらもなかなか普及までには至っていません。理論は精緻化されてきましたが、実践について適

切な本は、これまではなかなか見当たらなかったと思います。

　その意味において、本書の一番の魅力は、極めて実践的なことであり、これは画期的なことだと考えます。修復的実践の基盤としての「尊重」などの基本的価値を大切にしつつ、具体的な指導場面や紛争場面を例として挙げ、自身で考え、みんなで話し合い、自身を振り返り、具体化のスキルや方法を学習して、自身の現場で実践するための計画にまで進めることができます。加えて、日常の指導方法についても、懲罰的ではない、対話的な方法を学ぶことができます。これまで修復的実践の理論や価値に魅了されながらも、なかなか実践的成果を収めるまでには至らなかった人々にとっての朗報となりえるでしょう。

　第2の魅力としては、これまで紛争が起きた後に、紛争解決のために使われると理解されがちであった修復的実践が、80／20の原則と呼ばれる、予防のための日常の対話において8割の力が注がれるべきであるということ、そしてそのための実践方法が明示されていることです。すなわち、学校における対話の推進と民主化、生徒の主体性を育てる教育、チーム学校を作る取り組みなどについて、今の日本における学校の変革にとって、大いに参考となると考えます。

　訳者の2人は、元々は司法現場での心理臨床経験から修復的司法に関心を持ち、そこから治療共同体やグループ療法などの対話的手法への関心を広げ、実践を重ねてきました。本書に書かれている修復的サークルの手法などは、治療共同体やグループアプローチのサークルの手法と共通することが多く、こうした対話的サークルを社会に広げていくことは、極めて有意義であると考えています。

　訳者が仲間たちとともに運営している「もふもふネット」では、児童相談所の専門職スタッフなどを対象に、多くの研修を実施しています。来年度から、本翻訳書をテキストとして用いる「学校

における対話サークルの実践」研修を実施しようともくろんでいます。また、学校をはじめとして研修講師を依頼される機会においても、本書を活用しつつ研修を実施することを夢見ています。

　まだ一般の学校教師の間では、修復的実践の認知度が高いとは言い難いでしょうが、訳者2人が実践にかかわっていた刑務所内での「治療共同体」、受刑者同士の対話による回復を映したドキュメンタリー映画『プリズン・サークル』は教師たちにも大きな感銘を与え、対話アプローチへの関心は高まりつつあると感じています。実践方法を広めることによって、今後対話アプローチが広がっていく一助となれば、望外の喜びです。

訳者　藤岡淳子

═ 著者紹介 ═

ドミニク・スミス（Dominique Smith）

ドミニク・スミス博士は、カリフォルニア州サンディエゴのヘルス・サイエンス・ハイ・アンド・ミドル・カレッジで教育サービスおよび教師サポートの責任者を務めています。 スミス氏は、生徒を尊重し、生徒に力を与える学校環境の構築に情熱を注いでいます。サンディエゴ州立大学では教育リーダーシップの博士号を取得し、特に公平性に重点を置いて研究を行っています。また、南カリフォルニア大学では社会福祉学の修士号を取得しています。 サンディエゴ州立大学では、管理サービス、児童福祉、生徒支援サービス等に関する資格も取得しています。

ダグラス・フィッシャー（Douglas Fisher）

ダグラス・フィッシャーは、サンディエゴ州立大学教育リーダーシップ学部の教授および学部長であり、ヘルス・サイエンス・ハイ・アンド・ミドル・カレッジのリーダーでもあります。それ以前は、早期介入教育の教師および小学校の教育者でした。カリフォルニア州の教員免許を持つ教師およびリーダーです。2022 年には、リテラシー研究協会によってリーディング・ホール・オブ・フェイム（識字能力向上に長年貢献した人が会員になれる団体）入りを果たしました。

ナンシー・フレイ（Nancy Frey）

ナンシー・フレイは、サンディエゴ州立大学教育リーダーシップ学部の教授であり、ヘルス・サイエンス・ハイ・アンド・ミドル・カレッジのリーダーでもあります。それ以前は、フロリダ州で教師、アカデミックコーチ、中央事務局リソースコーディネーターを務めていました。 カリフォルニア州では、特別支援教育者、リーディングスペシャリスト、管理者としての資格を有しています。 国際識字協会のリテラシー研究パネルのメンバーでもあります。

═ 訳者紹介 ═

毛利 真弓（もうり　まゆみ）

同志社大学心理学部准教授。博士（人間科学）。臨床心理士、公認心理師。名古屋少年鑑別所法務技官兼法務教官、官民協働刑務所島根あさひ社会復帰促進センター社会復帰支援員（株式会社大林組所属）、広島国際大学心理臨床センター特任助教を経て、現職。

著書として『性問題行動のある子どもへの対応——治療教育の現場から』（2023年、誠信書房、共編著）、『司法・犯罪心理学』（2020年、有斐閣、分担執筆）、『治療共同体実践ガイド』（2019年、金剛出版、分担執筆）。訳書として『グループにおける動機づけ面接』（2017年、誠信書房、分担訳）、『性問題行動のある少年少女たちのグッドライフ・モデル』（2015年、誠信書房、分担訳）ほか。

藤岡 淳子（ふじおか　じゅんこ）

一般社団法人もふもふネット代表理事。大阪大学名誉教授。博士（人間科学）。公認心理師。法務省矯正局で非行少年・受刑者の心理アセスメント・矯正教育に携わったのち、大阪大学で教育心理学を教える。

著書として『性問題行動のある子どもへの対応——治療教育の現場から』（2023年、誠信書房、共編著）、『司法・犯罪心理学』（2020年、有斐閣、編著）、『非行・犯罪の心理臨床』（2017年、日本評論社）、『非行犯罪心理臨床におけるグループの活用——治療教育の実践』（2014年、誠信書房）、『性暴力の理解と治療教育』（2006年、誠信書房）、『被害者と加害者の対話による回復を求めて——修復的司法における VOM を考える』（2005年、誠信書房、編著）ほか。

学校に対話と尊重の文化をつくる　修復的実践プレイブック

2025 年 1 月 20 日　初版第 1 刷発行

<table>
<tr><td>著者</td><td>ドミニク・スミス
ダグラス・フィッシャー
ナンシー・フレイ</td></tr>
<tr><td>訳者</td><td>毛利 真弓
藤岡 淳子</td></tr>
<tr><td>発行者</td><td>大江道雅</td></tr>
<tr><td>発行所</td><td>株式会社　明石書店</td></tr>
</table>

〒 101-0021 東京都千代田区外神田 6-9-5
電話　　 03 (5818) 1171
FAX　　 03 (5818) 1174
振替　　 00100-7-24505
https://www.akashi.co.jp/

装丁　　　　　　　明石書店デザイン室
印刷・製本　　　　モリモト印刷株式会社

（定価はカバーに表示してあります）　　　　ISBN978-4-7503-5869-7

[JCOPY] 〈出版者著作権管理機構　委託出版物〉
本書の無断複製は著作権法上での例外を除き禁じられています。複製される場合は、そのつど事前に、
出版者著作権管理機構（電話 03-5244-5088，FAX 03-5244-5089，e-mail: info@jcopy.or.jp）の許諾を得て
ください。

非行少年に対するトラウマインフォームドケア

修復的司法の理論と実践

ジュダ・オウドショーン 著

野坂祐子 監訳

■A5判／上製／472頁 ◎5800円

本書は、若者が非行や犯罪に至った背景にあるトラウマに着目し、コミュニティや社会制度におけるトラウマティックな歴史や価値観を見直すトラウマインフォームドな少年司法について概説した最良のテキストであると同時に、広く対人援助職に役立つ実践書である。

●内容構成●

序章　癒しのための少年司法

第1章　トラウマインフォームドな少年司法の枠組み

第2章　トラウマインフォームドな少年司法の理論

第3章　個別的トラウマを理解する

第4章　集合的トラウマ、白人至上主義、男性の暴力

第5章　修復的司法

第6章　刑務所、リスク、罰

第7章　トラウマインフォームドな予防

第8章　トラウマインフォームドケアとしての少年司法

第9章　被害者を中心とした司法

終章　トラウマインフォームドな少年司法の原則

学校という場の可能性を追究する11の物語

学校学のことはじめ

金澤ますみ、長瀬正子、山中徹 編著

◎2200円

学校版スクリーニングYOSS実践ガイド

児童生徒理解とチーム学校の実現に向けて

山野則子監修　三枝まり、木下昌美著

◎1800円

海外の教育のしくみをのぞいてみよう

日本、ブラジル、スウェーデン、イギリス、ドイツ、フランス

園山大祐編著

◎3000円

迷走ソーシャルワーカーのラプソディ

どんなときでも、「いいんじゃない？」と僕は言う

山下英三郎著

◎2000円

学校に居場所カフェをつくろう！

生きづらさを抱える高校生への寄り添い型支援

居場所カフェ立ち上げプロジェクト編著

◎1800円

スクールソーシャルワーク実践スタンダード【第2版】

実践の質を保証するためのガイドライン

馬場幸子著

◎2200円

子どもアドボカシーQ&A

30の問いからわかる実践ガイド

栄留里美編著

◎2200円

小児期の逆境的体験と保護的体験

子どもの脳・行動・発達に及ぼす影響とレジリエンス

J・ヘイズ＝グルード ほか著　菅原ますみほか監訳

◎4200円

〈価格は本体価格です〉

ヘイトクライムと修復的司法
被害からの回復にむけた理論と実践

マーク・オースティン・ウォルターズ 著
寺中 誠 監訳／福井昌子 訳

■A5判／上製／432頁 ◎4600円

女性やマイノリティ等をターゲットにしたヘイトクライムが世界的に深刻化しているが、本書は、加害者に厳罰を科す法規制によってではなく、被害者・加害者・地域住民を巻き込んで犯罪被害からの修復をはかる「修復的司法」による問題解決を提起する。

●内容構成●

はじめに――ヘイトクライムへの取り組み
第一章 修復的司法から見たヘイトクライムの概念
第二章 ヘイトクライムのための修復的司法の概念整理
第三章 ヘイトクライムが残す傷――構造的不利益から個人のアイデンティティまで
第四章 日常的なヘイトクライムの被害を修復する
第五章 二次被害、国家の関わり、複数組織との協力関係の重要性――コミュニティ調停と修復的司法実践者の視点
第六章 修復的な警察活動とヘイトクライム――複数組織との協力関係の重要性
第七章 「コミュニティ」の危機
第八章 「差異」に人間性を持たせ、修復的対話で偏見に立ち向かう
第九章 結論――隠された真実を明らかにする
《論考》日本のヘイトクライムの現状――本書への架け橋 [師岡康子]

新版 Q&A 少年非行を知るための基礎知識
親・教師・公認心理師のためのガイドブック
村尾泰弘著
◎1800円

「被害者意識」のパラドックス
非行・犯罪を繰り返す人たちの理解と対応
村尾泰弘著
◎3200円

犯罪被害者支援の歴史社会学
被害定義の管轄権をめぐる法学者と精神科医の対立と連携
岡村逸郎著
◎5400円

囚われし者たちの〈声〉【増補版】
オハイオ州立刑務所の中から
古川哲史編
◎2400円

子どもの権利ガイドブック【第3版】
日本弁護士連合会子どもの権利委員会編著
◎4000円

必携 市区町村子ども家庭総合支援拠点スタートアップマニュアル
鈴木秀洋著
◎2200円

市区町村子ども家庭相談の挑戦
子ども虐待対応と地域ネットワークの構築
川松亮編著
◎2500円

子どもの性的問題行動に対する治療介入
保護者と取り組むバウンダリー・プロジェクトによる支援の実際
エリアナ・ギル、ジェニファー・ショウ著
高岸幸弘監訳、井出智博、上村宏樹訳
◎2700円

《価格は本体価格です》

イラスト版
子どもの認知行動療法

《6〜12歳の子ども対象 セルフヘルプ用ガイドブック》

子どもによく見られる問題をテーマとして、子どもが自分の状態をどのように受け止めればよいのか、ユーモアあふれるたとえを用いて、子どもの目線で語っています。問題への対処方法も、世界的に注目を集める認知行動療法に基づき、親しみやすいイラストと文章でわかりやすく紹介。絵本のように楽しく読み進めながら、すぐに実行に移せる実践的技法が満載のシリーズです。保護者、教師、セラピスト、必読の書。

① だいじょうぶ 自分でできる **心配の追いはらい方ワークブック**

② だいじょうぶ 自分でできる **怒りの消火法ワークブック**

③ だいじょうぶ 自分でできる **こだわり頭[強迫性障害]のほぐし方ワークブック**

④ だいじょうぶ 自分でできる **後ろ向きな考えの飛びこえ方ワークブック**

⑤ だいじょうぶ 自分でできる **眠れない夜とさよならする方法ワークブック**

⑥ だいじょうぶ 自分でできる **悪いくせのカギのはずし方ワークブック**

⑦ だいじょうぶ 自分でできる **嫉妬の操縦法ワークブック**

⑧ だいじょうぶ 自分でできる **失敗の乗りこえ方ワークブック**

⑨ だいじょうぶ 自分でできる **はずかしい![社交不安]から抜け出す方法ワークブック**

⑩ だいじょうぶ 自分でできる **親と離れて飛び立つ方法ワークブック**

著：①〜⑥ ドーン・ヒューブナー　⑦〜⑨ ジャクリーン・B・トーナー、クレア・A・B・フリーランド
⑩ クリステン・ラベリー、シルビア・シュナイダー
絵：①〜⑥ ボニー・マシューズ　⑦ デヴィッド・トンプソン　⑧〜⑩ ジャネット・マクドネル
訳：上田勢子　　　　　　　　　　　　　　　　　　　　B5判変型 ◎1500円

〈価格は本体価格です〉

自分でできる コグトレ

Cognitive Trainin

学校では教えてくれない
困っている子どもを支える
トレーニングシリーズ

宮口幸治【著／編著】
◎B5判変型／並製／◎各巻 1,800円

① **学びの土台を作る**
ためのワークブック

② **感情をうまくコントロールする**
ためのワークブック

③ **うまく問題を解決する**
ためのワークブック

④ **正しく自分に気づく**
ためのワークブック

⑤ **対人マナーを身につける**
ためのワークブック

⑥ **身体をうまく使える**
ためのワークブック

〈価格は本体価格です〉

子ども若者の権利と政策

【全5巻】

［シリーズ監修］
末冨 芳、秋田喜代美、宮本みち子

◎A5判／並製　◎各巻2,700円

子ども若者自身の権利を尊重した実践、子ども政策、若者政策をどのように進めるべきか。いま（現在）の状況を整理するとともに、これから（今後）の取り組みの充実を展望する。「子ども若者の権利」を根源から考え、それを着実に「政策」につなぐ、議論をはじめるためのシリーズ！

1 子ども若者の権利とこども基本法
末冨 芳［編著］

2 子ども若者の権利と子どもの育ち
秋田喜代美［編著］

3 子ども若者の権利と学び・学校
末冨 芳［編著］

4 若者の権利と若者政策
宮本みち子［編著］

5 子ども若者政策の構想と展望
末冨 芳［編著］

〈価格は本体価格です〉